滇黔桂革命老区绿色产业协同发展机制与路径研究

詹满琳 黄 林 占金刚 ◎著

中国书籍出版社
China Book Press

图书在版编目 (CIP) 数据

滇黔桂革命老区绿色产业协同发展机制与路径研究 /
詹满琳, 黄林, 占金刚著 . —— 北京 : 中国书籍出版社,
2023.12
　　ISBN 978-7-5068-9777-8

Ⅰ.①滇…　Ⅱ.①詹…②黄…③占…　Ⅲ.①绿色产业-产业发展-研究-中国　Ⅳ.①F127

中国国家版本馆 CIP 数据核字（2023）第 245777 号

滇黔桂革命老区绿色产业协同发展机制与路径研究

詹满琳　黄　林　占金刚　著

丛书策划	谭　鹏　武　斌
责任编辑	李国永
责任印制	孙马飞　马　芝
封面设计	博健文化
出版发行	中国书籍出版社
地　　址	北京市丰台区三路居路 97 号（邮编：100073）
电　　话	（010）52257143（总编室）　（010）52257140（发行部）
电子邮箱	eo@chinabp.com.cn
经　　销	全国新华书店
印　　厂	三河市德贤弘印务有限公司
开　　本	710 毫米 × 1000 毫米　1/16
字　　数	202 千字
印　　张	11.75
版　　次	2025 年 1 月第 1 版
印　　次	2025 年 1 月第 1 次印刷
书　　号	ISBN 978-7-5068-9777-8
定　　价	78.00 元

版权所有　翻印必究

目　录

第一章　绿色产业相关理论与政策 ……………………………………… 1
　　第一节　绿色产业发展相关理论 ……………………………………… 1
　　第二节　我国绿色产业发展态势与面临形势 ……………………… 11
　　第三节　我国绿色产业发展的政策沿革 …………………………… 13

第二章　滇黔桂革命老区绿色产业发展概况 …………………………… 19
　　第一节　广西革命老区绿色产业发展概况 ………………………… 19
　　第二节　云南革命老区绿色产业发展概况 ………………………… 30
　　第三节　贵州革命老区绿色产业发展概况 ………………………… 36

第三章　滇黔桂革命老区绿色产业协同发展指标构建及其评价 …… 43
　　第一节　绿色产业发展评价指标体系构建 ………………………… 43
　　第二节　广西革命老区绿色产业协同发展指标及其评价 ………… 46
　　第三节　云南革命老区绿色产业发展指标及其评价 ……………… 52
　　第四节　贵州革命老区绿色产业发展指标及其评价 ……………… 57

第四章　滇黔桂革命老区绿色产业结构与经济增长协同发展机制 … 63
　　第一节　产业结构概述 ……………………………………………… 64
　　第二节　广西革命老区绿色产业结构与经济增长 ………………… 71
　　第三节　云南革命老区绿色产业结构与经济增长 ………………… 77
　　第四节　贵州革命老区绿色产业结构与经济增长 ………………… 79
　　第五节　滇黔桂革命老区绿色产业结构与经济
　　　　　　增长协同发展机制 ………………………………………… 81

第五章　滇黔桂革命老区绿色产业结构升级协同发展机制 ………… 89
　　第一节　引言与相关文献回顾 ……………………………………… 89

第二节　偏离-份额分析法·················· 92
　　第三节　广西革命老区绿色产业结构升级机制·········· 94
　　第四节　云南革命老区绿色产业结构升级机制·········· 99
　　第五节　贵州革命老区绿色产业结构升级机制·········· 103

第六章　滇黔桂革命老区绿色农业协同发展············ 109
　　第一节　相关文献回顾·················· 109
　　第二节　广西革命老区绿色农业发展分析············ 111
　　第三节　贵州革命老区绿色农业发展分析············ 119
　　第四节　云南革命老区绿色农业发展分析············ 121
　　第五节　滇黔桂革命老区绿色农业协同发展对策········· 123

第七章　滇黔桂革命老区绿色旅游产业协同发展·········· 132
　　第一节　研究方法与评价体系··············· 132
　　第二节　广西革命老区绿色旅游业发展分析·········· 138
　　第三节　云南革命老区绿色旅游业发展分析·········· 143
　　第四节　贵州革命老区绿色旅游业发展情况·········· 146
　　第五节　滇黔桂革命老区绿色旅游产业协同发展提升策略··· 149

第八章　滇黔桂革命老区绿色产业协同发展路径·········· 158
　　第一节　广西革命老区绿色产业发展路径··········· 158
　　第二节　云南革命老区绿色产业发展路径··········· 163
　　第三节　贵州革命老区绿色产业发展路径··········· 172

参考文献····························· 177

第一章 绿色产业相关理论与政策

第一节 绿色产业发展相关理论

一、相关概念

（一）绿色经济

英国经济学家皮尔斯在《绿色经济蓝皮书》(1989年版)中首次提出"绿色经济"一词。他在书中写道："经济发展必须是自然环境和人类自身可以承受的，不会因盲目追求生产增长而造成社会分裂和生态危机，不会因自然资源耗竭而使经济无法持续发展。因此，绿色经济是从社会及其生态条件出发，以求建立一种可承受的经济。"进入21世纪以来，在实际生产生活中，"绿色"一词与绿色生活、绿色生产、绿色消费、绿色能源、绿色投资及绿色生产等许多相关的经济活动联系在一起。作为理性人(自然人，以及企业、组织等法人)，其行为活动的出发点均是基于利益和成本及其二者比较来考虑，利益和成本的比较是理性人向前发展的重要动机。这种利益与成本考虑不仅是指物质方面、精神方面，还包括生产生活的环境方面。现在人们日益倡导的"绿色发展"理念则是人们对自然环境、社会发展关系认识的新结晶，是对自然利益和人类利益，自然界和人类和谐相处带来的生活质量的提高。然而多年来许多地方过多考虑单纯的经济发展，忽略了经济发展受资源环境的约束作用，忽略了自然资源的承载能力，导致了经济发展与资源环境的不相适应，经济发展突破资源环境的承受力,继而影响了人们对美好生活质量的向往。由此可见,探讨绿色经济、绿色产业,不仅可以在理论上揭示经济发展总量和结构与环境资源承载力的内在关系,探寻经济可持续发展的有效路径,还能从宏观角度研究提出绿色经济发展的有效政策与管理措施。

当下,在经济由高速增长向高质量增长转变的经济新常态下,传统的以高投入、高消耗、高污染追求经济高速发展模式面临着极大困境,这些困境包括人力成本增加、环境污染、资源环境枯竭以及人们生存环境质量的下降等。由于传统的发展模式造成的困境难以保持经济可持续发展,影响了高质量经济发展的态势,因此,资源基础观认为地区的经济社会发展基础与动力,很大程度上取决于资源消费结构和经济发展结构平衡关系。这种平衡关系实现集中体现在绿色经济和绿色产业的发展上。绿色经济和绿色产业的发展模式一方面以市场需求为导向;另一方面将传统经济产业进行转型升级,实现经济与自然资源环境保护的协调发展。绿色经济发展模式其本质在于兼顾经济的长远发展与当下生态环境的保护。绿色经济是一种建立在知识、技术密集型基础上的经济模式,它需要通过绿色转型,将新知识、新技术运用到经济运行的良性循环之中,融入经济系统各个环节,最终实现生产、流通、分配、消费等多环节的绿色化转型。从理论上讲,经济的绿色转型根本目的在于促进经济社会和生态环境可持续的高质量发展。绿色转型通过绿色经济多元化的内涵来体现,而绿色经济这种多元化的内涵包括经济社会的发展必须降低资源消耗,减少二氧化碳排放,实现经济社会的低碳发展所带来的资源循环利用,及其稳定的生态系统等内容。绿色经济本质就是解决经济发展过程中人的需求与自然供给之间的矛盾与冲突,而解决的根本途径在于发挥各地资源的比较优势,坚持创新驱动与绿色发展,改进传统产业结构,塑造区域发展新动能和新格局。由此可见,绿色经济发展是以人和自然和谐发展为原则,以实现经济社会发展的效率与自然环境的协调发展为目标,实现经济社会、市场环境、技术进步与文化传承等诸多领域共同进步,促进可持续性的经济社会生态全面发展。

(二)绿色发展

基于以上对绿色经济和绿色转型的理解,结合经济社会发展历史中在三次产业革命贡献与矛盾分析,我们将绿色发展分析如下:三次产业革命在为人类创造巨大物质财富的同时,也加剧了人与自然环境的矛盾与冲突。这种矛盾与冲突直接结果便是生态环境日益恶化,自然资源日益紧缺等方面的困境。而当人类进入21世纪,面对越来越突出的生态环境恶化的问题,人们呼吁必须大力实施绿色产业革命,经济发展的模式由三次工业革命的"黑色发展"模式转变为人与自然和谐发展的"绿色发展"模式。这种"绿色发展"是针对"黑色发展"困境而提出的[3]。根据众多研究者研究发现,绿色发展集中体现在由人类本身和经济社会与自然资源和谐发展形成的有机系统,这个系统的各个子系统之间存在相互依赖的共生性和协同性,以及和谐性、开放性、整体性、协调性的关系。绿色发展的经济子系统为绿色发展系统实现经济绿色增长功能,社会子系统对于绿色发展系统促进了人们的绿色生活质量改善,自然子系统为绿色发展系统带来绿色财富持续增长。由于绿色发展强调经济社会发展的低成本、低污染和低消耗,因此绿色发展GDP在整体的发展中占比越来越大[4]。

(三)绿色产业

国际上有很多组织都对绿色产业进行了界定,其中联合国发展计划署认为绿色产业是一种减少资源投入,防止和减少污染的产品、服务和设备的产业,绿色产业采用技术,能够大幅度提高产品效率和设备的使用寿命[5]。而国际绿色产业联合会认为,绿色产业是为了促进自然环境保护,通过现代科技和绿色产业机制,降低经济发展过程中的资源消耗,减少环境污染的产业。我国也有对绿色产业的相关论述。例如,有人认为绿色产业是以可持续发展为宗旨,坚持环境、经济和社会协调发展,达到生态和经济两个系统的良性循环,实现经济效益、生态效益、社会效益相统一的产业模式[6]。总的来说,绿色产业有三个核心理念:一是绿色产业与可持续发展是紧密联系的;二是绿色产业源于环境问题最终利于环境改善;三是绿色产业是全新产业和朝阳行业,具有系统的绿色产业链和价值链。

关于绿色产业的理解,我国学者张小刚指出,绿色产业是基于保护生态环境和节约资源开发为基础的,以实现人们对绿色产品与绿色服务和绿色环境的需求为目标的可持续发展产业,以运用先进的绿色技术为手段,来降低生产、使用和回收等环节中出现外部性成本的新型产业。

另有学者指出,绿色产业具有产业的环保性、产业的经济社会生态性和产业发展带来的人们生活质量显著提高和人文精神面貌焕然一新等特点,真正实现了人与自然之间相互交融和协调发展[7]。随着绿色产业的功能不断扩大,绿色产业将日益凸显它在使用技术上的清洁、产品生产过程的清洁,以及生产环境的清洁等方面优势的综合性产业[8]。同时绿色产业将带来经济、社会、文化、生活质量和绿色福利等多重效益叠加。随着绿色产业的扩大,绿色产业将在整个经济产业结构中占据中心位置,为整个经济系统带来经济增长的倍增效应,同时在自然生态系统中也将带来可持续发展的生态效益和绿色效应[9]。2019年2月14日,中国国家发展改革委、工业和信息化部、自然资源部、生态环境部、住房和城乡建设部、中国人民银行、国家能源局联合印发《绿色产业指导目录》(2019年版),其中就指明了当前我国的绿色产业有节能环保产业、清洁生产产业、清洁能源产业、生态环境产业、基础设施绿色升级、绿色服务,并在这六个大类下对每个产业进行了细分,且解释说明了每个产业的内涵、主要产业形态、核心指标参数等内容。绿色产业是现代国家国民经济的基础性产业,几乎在第一、第二、第三产业都能发现绿色产业的身影;绿色产业是环境友好型产业,表现在以绿色技术和绿色资源开发为基础,通过绿色技术创新实现自然资源充分高效的利用;绿色产业是创新型的新兴产业,是一个高度统一生态环境和经济发展又融合了大量创新活动的新兴产业,是渗透性强的综合性产业。

二、绿色产业发展相关理论

(一)产业低碳化理论

产业低碳化是相对于产业高碳的经济模式而言的。现有文献普遍认为产业低碳化理论指出产业低碳化,即指生产过程中的低排放、低能耗与低污染的过程,为了实现"三低过程",产业低碳化采用的两种技术,即温室减排技术和可再生能源技术来实现,或者是通过能源的节约和能源利用技术的提高来实现产业的"三低过程"。由此可见,低碳化模式相对于碳密集模式和化石能源模式而言蕴含两个方面内容:一是要降低消耗单位能量的碳排放,在实际运行中可采用碳积蓄、碳捕捉和碳封存等办法来降低碳排放,控制二氧化碳的增长速度,增强碳排放的约束力。二是重点发展非化石能源,这样可以实现经济增长不以牺牲环境利益为代价,促使经济增长与人们生存的环境压力脱钩。通过新能源替代、发展低碳能源和无碳能源,从而控制经济体的碳排放弹性,并最终实现经济增长的碳脱钩。[10]三是相对于人为碳通量而言的,即通过人类自救行为而改变地球生态圈的碳失衡,实现这一过程的关键在于改变人们的碳消费倾向和碳偏好,减缓碳足迹,践行低碳方式。总之,低碳化是由高碳模式向低碳模式转变的一个旨在恢复生态圈碳平衡的自救行为过程。通过上面的分析,可以得出,产业低碳化是指通过依靠生产要素的创新驱动,这些生产要素包括技术、管理、制度、文化和组织等,和产业链有效整合,实现生产过程中能源节约和碳排放的降低,实现经济持续高质量增长的目标。

产业低碳化对于整个国民经济的可持续高质量发展有着重要的战略意义。众所周知,整个社会经济低碳化的实现集中体现在产业低碳化上,产业低碳化是产业核心竞争力,其深刻影响国民经济发展的质量和人们生活质量的改善。产业低碳化势必促进经济结构的高质量调整和产业升级转型,以及促使区域经济发展向着资源节约型发展模式转变,将带动整个生态系统发生质的变化。[11]据有关数据统计,2020年单位GDP二氧化碳排放与非化石能源占一次能源消费比重分别比2005年降低了40%和上升到15%左右,森林面积比和森林储蓄量分别比2005年增加4000万公顷和13亿立方米。产业低碳化可度量的二级指标是服务于社会经济低碳化进程中的一级指标。国家为了衡量产业低碳化发展水平,近几年来我国设计了一套衡量产业低碳化的指标体系,为了使得这些指标便利操作与确保目标任务实现,作为低碳化主导性载体的准则层目标也应量化指标,可在当前研究文献中这些指标少有涉及,即使有也往往是参照目标层指标而提出的非理性化数字。因此,若能依据目标层指标,明确产业低碳化量化指标或构建一个量化指标的确定标准具有重要的实践意义。因此产业低碳化指标设计包括目标层指标、准则层面指标和可以具体量化的三级指标。通过这些量化指标可以度量低碳化发展水平,这些低碳化的约束指标包括目标层面的指标和可以度量的二级层面的指标,如碳强度和单位GDP的耗能,以及可再生能源的权重和森林碳化等多维指标。产业的低碳化量化指标或标准的确定,不应是对目标层指标数字的简单增减,而必须依据一定的原则进行确定。产业低碳化指标设计应贯彻环境动态与稳定和主导性原则。环境动态性表现为产业低碳化指标设定应与产业发挥的环境有关,包括区域产业的经济、文化和行业特征相联系,或者说指标设定必须与区域的产业结构挂钩,亦即指标设定具有权重的动态性,同时也具有一定环境的稳定性。所谓主导性原则,即产业低碳化的指标标准不宜涵盖所有碳化指标,而是设定的指标最能反映我国经济的低碳化程度。最后是2R原则,亦即体现减排(Reduction)与经济发展速度(Rate)相结合的原则。

　　随着我国经济由高速发展到高质量发展的转变,我国对产业低碳化关注的程度越来越高,学界对产业低碳化的研究成果,主要体现在全局高度指出产业低碳化是整个产业发展必然趋势,同时分析了产业低碳化演变模式。另外,研究者从创新机制上研究了产业低碳化的技术创新机制和制度创新机制,以及组织创新和金融创新。还有研究者基于不同的区域经济视角,研究探索了产业低碳化发展机制与路径选择问题。我国产业低碳化测量基于其产业结构复杂和数量众多的原因,导致对产业结构低碳化测量比较困难,但如果不结合实际情况进行低碳化测量则有悖于科学性和逻辑性。如果产业低碳化测量符合实际情况,我们可采用在政府制定的产业低碳化约束性指标的总体目标前提下,基于动态分析的基础上设计衡量产业的低碳化程度和地区产业的低碳化量化指标,并运用经济发展程度与环境压力的比值指标来度量产业低碳化程度标准。冯奎博士在《中国发展低碳产业的战略思考》一文中指出,低碳产业是产业升级、提高竞争力、新型工业化发展和新型城市化发展的必然要求,同时还提出了低碳产业的四种模式:一是将传统制造业集群改造为低碳产业;二是将工业园区综合优化为低碳产业;三是将生产性服务业集群提升为低碳产业;四是将新能源、新材料行业定位于低碳产业。[11]赵广华在《低碳产业的发展机制建设》一文中提出,我国低碳产业发展机制应包括组织机制、财税激励机制、科技创新推动机制、市场调节和监管机制、金融工具创新机制和公众参与机制。[12]他还在《产业企业的低碳供应链管理》中提出了产业低碳化应包括从产品设计开始,经过采购、生产、营销直至消费和废品回收的整个过程。[13]陆小成基于技术预见理论出发,提出技术预见是区域低碳创新系统构建的重要基础,进而指出区域低碳创新构建应选择低碳的关键技术战略、区域创新政策、产品营销策略和创新服务体系等对策。[14]沈政信提出,低碳经济条件下的新兴产业革命本身即意味着对现有产业制度进行创新,其核心在于改善现有高碳经济条件下产业制度的两个维度,即"高碳产业链条"与"高碳产业结构"。[15]李海东利用机会、威胁、优势和劣势分析了广东地区低碳经济,指出广东低碳经济发展要改变高消耗、高污染的产业结构和经济结构向低消耗、低污染的产业转变,对耗能高的产业要从源头制定切实可行措施进行减排,并将传统高能耗的产业采用新技术改善能源结构与推广清洁能源,融入低碳化的新经济结构之中。[16]另外,王淑荣指出大连产业低碳化应根据大连产业的实际发展情况,从生态产业园着手发展低碳生态产业链,并将清洁能源运用到各个产业发展之中。[17]除此之外,还有研究者将低碳经济与能源强度的变化规律及其影响能源强度变化因素理论结合起来,开展产业低碳化研究。[18]从目前产业低碳化研究方法来看,产业低碳化多数文献采用的方法是理论分析和实证检验相结合,其研究领域多集中于宏观领域与行业领域,也有文献对产业低碳化的含义结合制度创新,在微观领域运用定量分析方法开展产业低碳化问题的探讨。因此,无论从宏观领域还是微观领域,产业低碳化研究离不开指标的量化分析。

(二)可持续发展理论

最早出现可持续发展的概念是在《布伦特兰报告》。该报告指出可持续发展既满足当代人需求同时不影响后代人的需求。对于可持续发展的定义,我国研究者也作了相似的阐述,也有研究者对可持续发展概念和相关理论进行了不尽一致的阐述。有研究者指出可持续发展内涵应从当代人的需求和下代人发展两个方面进行定义,即可持续发展在满足当代人需求的同时不影响下代人的需要[19];另有学者指出可持续发展应着眼于生态环境中寻求高效率的能源利用和生产的副产品的循环利用,从而实现经济的长期发展。[20]由此可见,多数学者定义的可持续发展概念对于我们认识和理解可持续发展的内涵具有重要的启发意义。但是这个概念也存在其表达的内容比较宽泛、笼统和模糊。该概念缺乏比较具体的内容。比如,对于不影响后代的需求没有具体明确指出,这很有可能对可持续发展政策的制定带来比较模糊的影响,给实际操作带来一定困难。另外,可持续发展概念的模糊也为可持续发展后续研究提供了新的解释空间。例如,经济学家斯偌(Solow,1993)研究指出当代人不必考虑为后代人留下自然资源,后代人利用他们的技术创造新的人造自然,这样后代人即便没有当代留下的自然资源,也不至于减弱他们的需求。这种理论也称为"弱可持续发展"。然而弱可持续发展并非否定用货币化的相关指标来衡量经济社会发展提高与生态环境弱化的程度关系,或者说弱可持续发展通常估计的经济社会发展水平增加值总体来说高于生态环境弱化值,因此 Solow 指出,如果经济社会和环境发展的增加值高于生态环境弱化值则被视为"可持续发展"。在现有文献中,多数研究者将可持续发展理论分析框架定为"目的—手段",这种分析框架为可持续发展理论的分析提供了较为清晰而具体的思路。事实上,"目的—手段"分析框架也被用来分析福利经济学的效应满足和提升的分析框架,福利经济学认为人们进行经济活动的最终目的是提升人们的福利水平。人们经济活动的目的除了最终目的,还有中间目的,二者的关系是:中间目的是为最终目的服务的。于是人们将经济活动的生产和消费视为中间目的,而将人们福利水平提高视为最终目的。人们的生产和消费最终是为了人们福祉的增进。"目的—手段"分析框架中的手段是为了实现目的的工具,于是人们在经济活动中将资本、技术、信息、劳动力等视为实现目的的工具或手段。因为,人造资本、技术、劳动力本身并不能直接形成经济活动的成果,而是人们把它们作为生产力要素中的劳动工具,这种劳动工具只有在劳动对象—自然资源上进行生产活动时才有经济意义,或者说劳动工具只是劳动对象和经济产出的中介。综上所述,可持续发展本质是人们进行经济活动的最终目的、是为了提升人们的生活福祉。生活福祉的提高在于人们生活环境和生活质量的改善,人们进行经济活动要在不破坏自然环境承受能力的基础上进行,否则虽然经济成果大幅度增加,但人们的福祉却很有可能降低。可持续发展是建立在人们福利增加的同时,人们对自然的消耗不能超过生态环境的承载力,否则有限的自然资源一旦过度消耗,必然削减人们生活福祉,也必将进一步影响后代的生活质量提高。最终自然资本减少必然削减制约福利水平提升的结果。由此可见,可持续发展本质可以归纳为在自然资源消耗和生态环境的承载能力以内实现较高的福利水平。可持续发展既要发展更要可持续,强调人们在经济活动中对自然的开采消耗不能突破生态环境的承载力,否则便会侵占当代人和后代人的生存空间。可持续发展体现了代内公平和代际公平原则,实现了人们通过经济发展、福利水平和生活品质提高双重目标。可持续发展中的"可持续"是"发展"的长期生态保障,没有"可持续"的"发展"是短期的竭泽而渔式发展,而"发展"是"可持续"的目的和意义所在,没有"发展"的"可持续"是极端的生态保护主义。

(三)绿色产业发展理论

根据相关文献梳理,绿色产业较早出现在2011年5月的联合国工业发展组织(UNIDO)关于绿色产业战略方针之中。UNIDO指出绿色产业是一种实现可持续性的生产与消费产业模式。这种产业模式在产品的生产周期上表现为既能提高产品生产过程中的资源使用效率,又不至于破坏生产环境,通过相关技术能较大幅度降低生产过程中的副产品,减少环境污染,降低废水、废气和废渣等污染物排放强度和频率。绿色产业发展理论模式无疑对生态环境保护有极大的促进作用。现有文献关于绿色产业发展成果可谓汗牛充栋。在这些相当数量的研究成果中,我们发现绿色产业发展的研究内容主要集中在绿色产业发展案例及其评价方法等方面。另外,绿色产业的竞争力还体现在政府对绿色产业的扶持上。比如,政府针对绿色产业制定一系列优惠政策,包括财政补贴、贷款的优惠等。虽然研究者对绿色产业的界定还没有达成完全一致的意见,对绿色产业的界定仍然存在一定出入,但绝大多数研究者对绿色产业边界的界定主要聚焦在绿色农业、绿色工业、绿色旅游业、绿色信息产业和绿色供应链管理等领域中。在对国外文献的梳理中发现,绿色产业主要是指生态产业,"绿色"即生态,随着对绿色产业研究的不断深入,后续研究者将绿色产业边界拓展到广义的产业体系之中。研究者对生态产业的探讨主要侧重于生态学与环境工程学之间的关系,或者说着重于产业发展与环境保护之间的关系。由于工业化对环境的较大破坏,学者们开始对传统工业化发展模式进行了深刻反省,提出了绿色发展模式,因而绿色产业得到了政府、学界和企业的高度重视,因为绿色产业能较大幅度降低能源与资源消耗,构建经济与环境相对平衡的双赢模式,达到产业绿色化的目的。

（四）协同发展理论

被称为战略管理之父的安索夫（Ansoff）早在1965年就提出了"协同"这一词，"协同"首次出现在安索夫著作《公司战略》之中，协同论作为20世纪三大基础理论之一，被研究者广泛应用在经济学、管理学和社会学等领域。"协同"的基本思想是经济活动的主体之间存在相互依赖、相互促进的共生互长关系，经济活动主体之间强调协同的目的在于同处的外部环境资源达到共享和价值共创。协同的核心是市场主体在既定的外部资源条件下实现价值创造的最大化。自协同理论出现以来，政府、企业和学界对其进行不断研究，协同观念成为理论界和社会各界关注的热点。在研究协同理论的众多研究者中，其中颇有名气的是战略专家Hiroyukiltami，他对协同理论进行了较为深入的探讨，提出了协同效应理论，并将协同效应分解为"互补效应"和"协同效应"两个效应，并进一步指出经济活动的主体之间协同是发挥最大效应的最佳途径。后来的研究者赫尔曼·哈肯（Hermann Haken）在协同理论的基础上提出了"协同学"的概念，并在其后续的理论物理学研究的系列著作中系统深化了协同理论研究，在其著作中论述了协同是由于系统内各子系统的协同行为产生出的功效超越各个子系统单独产生的功效之和，即系统中的各个子系统协同作用形成的合力大于各个子系统自身单独的力量，系统的协同作用构成了整个系统的联合作用。哈肯基于物理学中的能量和物质流入的视角，研究分析协同作用的机制，即当系统的运行达到相变点之后，从外部流入到系统中的能量会产生相互作用，这种相互作用便会形成系统的"序参量"。"序参量"导致系统变化向有序方向运行，进而使得整个系统在宏观上发展为更为有序的结构和整体功能。哈肯研究指出协同理论是一个复杂而丰富的理论体系，在一定程度上同属自组织理论范畴。[21]事实上协同理论研究的主要问题集中在对于一个开放系统状态如何进行能量的转换及其系统结构如何进行"序参量"的演化问题。由于协同学的理论体系非常丰富，目前协同学理论原理的研究中主要涉及不稳定原理、支配原理和序参量原理。研究者关于不稳定原理的解释为：系统的不稳定是随着一种新的模式状态出现而产生，系统的不稳定状态有利于促进系统新旧结构之间的变化。对于协同学理论的支配原理，其主要内容涉及变量之间影响差异，即快变量、慢变量、序参量等概念之间的影响差异。这种差异基本思想是系统内的各个子系统对整个系统的影响存在差异。这种差异又是受系统各类变量影响程度不同,即各类变量的作用对于系统是不平衡的。一般来说快变量的行为会受慢变量行为的支配,这种慢变量的支配行为影响着系统的演化。有研究者指出系统的有序发展进程受着序参量影响,序参量是系统的动态发展与演化的主要动因。[22]从序参量的演变来看,对于复杂系统的各子系统而言,只有发生相互关系才会促成序参量的形成,也就意味着能够主导系统演化方向的因素的出现,意味着系统演化具有主导作用力量的出现。

协同理论自产生以来,很多不同领域的研究者对协同理论进行了大量研究,并将协同原理运用到研究者们各自研究的领域。近些年来协同思想被广泛应用于经济学、管理学、生物学、物理学、社会学、生态学的理论和实践研究中,还有许多研究者将协同理论运用到不同学科之间的交叉研究。比如研究者将协同理论和方法运用在人口资源与生态环境协调发展方面,以及经济发展与环境保护等方面。有将协同思想运用到微观领域的研究中,如研究园区空间与物流企业的迁移研究;[23]另外,也有许多研究者将协同论应用于经济学的各个分支研究中,如运用到产业经济结构之间的协同、不同地区的产业集群协同发展等相关研究。还有很多学者将协同理论运用到产业集群内部各个企业之间协同发展,产业集群被学者看作一个企业生态群落,研究者研究指出,集群内企业与企业之间通过不断的竞争、合作策略,相互之间发生关系,使得产业集群表现出具有环境适应性、生命力和协同效应等外在特征,并形成相应的系统结构、外在联系和整体效应。不同学者运用协同理论方法,对相关领域问题展开了研究。

第二节 我国绿色产业发展态势与面临形势

一、我国绿色产业发展态势

绿色产业被认为是 40 年来最具发展潜力的产业,正成为全国各地竞相争夺的焦点。中国科学院学者王焰新研究指出:"我国绿色产业发展呈现出东强西弱、南强北弱的症状,不同地区发展不平衡的情况加剧。"王焰新表示,全国大多数省市的绿色工业发展指标都在不断提升,广东、江苏、浙江的发展速度很快。尤其是广东和江苏,因为有更好的指数,所以被列入了第一梯队。浙江、北京、山东都属于第二梯队。第三梯队为湖北、福建、河南、安徽、四川和上海。第四梯队为湖南、河北、辽宁、江西、广西,还包括山西、海南、黑龙江,以及西部的几个省,都在这一范畴之内。以东海岸、长三角、珠三角为代表的绿色工业发展指数偏高。而在西部,仅四川省位列第十,其余各省市的平均水准都偏低。在实施和发展中国绿色产业,以及保护产业环境的道路上,技术援助也成为产业成就的重要方向。我国绿色产业发展不均衡特点明显。王焰新所在的"绿色产业"课题组从"行业发展环境""行业发展质量""行业领先状态""行业创新能力"和"行业投资动机"五个方面出发,构建了"中国绿色产业发展指数",由10个子指标以及15项第三级指标构成。就工业环境而言,广东、海南、湖北、北京、云南五个省市分别排在前五位。就工业水平而言,江苏、福建、山东和广东是工业水平最高的四个省份。有81家绿色产业展示中心,有低碳工业园区,有绿色生产园区,有绿色产业园区,有绿色产业展示中心。广东、江苏、浙江、北京、上海等在绿色行业创新能力上处于领先地位,具有较好的技术创新能力。在投资意愿上,山东、河南和辽宁等传统工业较为发达的区域,因其对绿色创新的需求较大,且传统工业区域的环境污染严重,相应的环保基础设施投资费用也较高。从代表性地区的角度来看,长三角、珠三角是五大城市群中较为平衡的一条线。成渝都市圈与其他区域相比,在工业发展规模、工业环境和创新能力等方面还存在着较大的差距。

二、绿色产业发展面临的形势

工业化的快速发展给人们带来巨大物质财富的同时,也给人们生存的环境带来巨大威胁,因此,如何保护生态环境,如何不掠夺式对自然资源进行开采,提高人们生存的空间质量,已成为人们共同关心的普遍热点问题。在这种情景下,人们越来越倾向于走绿色产业发展的道路,这是解决上述问题的根本措施之一。因为在产业发展过程中涉及的资源和环境两个问题已经成为产业发展面临的共同问题,所以,社会各界人士一致的观点,便是推进绿色产业发展,践行绿色消费,实行绿色新政,这已经成为产业结构系统和经济系统的共同选择。研究者同时指出,对传统产业实施绿色改造要提高资源和能源的使用效率,通过资源和能源利用率的提高来衡量传统产业,特别是制造业的竞争力的一个重要指标。众多的研究者指出推动绿色发展,加强对现有制造业实施绿色经济改造是提高传统制造业竞争力的必由之路。就目前而言,我国许多传统产业,特别是制造业产业仍然存在高投入、高消耗、高排放的"三高"发展模式,经济产出消耗的资源、能源仍然巨大,生产过程带来的生态环境破坏问题突出。在经济进入新常态下,经济发展目的是增进人们的福祉,产业的发展迫切需要加快经济增长方式的转变,提高生产要素效率,加快经济发展过程中的高科技投入,用先进科技改造传统产业发展中出现的"三高"现象,加快建设产业发展过程中的低资源、低环境污染的绿色产业体系。加快推进工业制造业绿色转型,是推进供给结构性改革、促进绿色产业结构转型升级,尽快出台绿色产业稳增长、调结构的政策措施。这些政策措施既有利于推动产业节能降耗,又能够实现降本增效,增加绿色产品和服务的有效供给,补齐绿色发展短板。要以发展节约型和环境友好型的工业为重点,以节能减排为主要的抓手,结合实际,并稳扎稳打地推进科技创新。根据实际不断加强节能和环保的新技术、新装备和新产品研发进度,不断健全节能和减少排放的工作体系,促进行业能效和用水效率大幅提高。第二产业广泛实施清洁工业生产的先进和适当技术,替代有毒和有害的原材料,预安装工业产品的生态设计激励系统,技术设备不断完善,推动绿色产业发展。促进绿色增长,出台新的绿色协议,是绿色产业发展的客观要求。制造业是促进绿色发展和提高国际竞争力的关键,减少发展过程中的高投资、高消费和高排放。加快发展绿色产业也是促进供给侧规划完善、支持产业结构持续增长和适应的重要举措。

第三节 我国绿色产业发展的政策沿革

2012年11月十八大将绿色发展列为生态文明建设重要着力点;2015年5月《中国制造2025》提出"绿色发展";2015年9月《生态文

明体制改革总体方案》提出加快建立系统完整的生态文明制度体系,加快推进生态文明建设;2015年10月党的十八届五中全会把绿色发展作为5大发展理念之一;2016年3月"十三五"规划发布,绿色发展将贯穿经济社会发展的各个环节。

2016年7月《工业绿色发展规划(2016—2020年)》对工业绿色转型的路径进行细化部署,基于对上述文件的理解,我们要以新发展理念为指导,坚持创新、协调、绿色、开放、共享的发展理念,将绿色产业理念贯穿产业发展过程的始终。产业要始终落实资源节约、生态环境保护的思想,在对产业进行绿色转型发展的路径上,切实制定生产过程能源资源效率考核指标和清洁生产的约束指标,加快环境创新机制建设。同时加大对传统行业绿色技术创新,以相应法规制度来保障绿色生产项目的实施,加快和完善绿色制造业,推动绿色生产、绿色产品、绿色环境、绿色园区和绿色供应链等绿色生产体系的全面发展,创建和发展绿色产业发展的长效机制。提高绿色产业的竞争力,并把实现高效率,循环绿色发展道路与促进工业文明与生态文明,作为实现人与自然和谐共生的基本机制。《工业绿色发展规划(2016—2020年)》为推进绿色经济和绿色产业发展,要求我们着重从以下几方面入手。

第一,积极推进能源使用效率的提升。工业企业在能源消耗上,积极利用绿色技术,促进能源使用效率的提高,树立能源节约理念,降低能源的使用成本,转变生产发展方式,推行绿色生产方式,加快企业绿色化转型,提升绿色生产的竞争力,大力推进能效提升,加快实现节约发展。加快产业结构调整,使用现代科技促进产业结构提升,采用现代工艺技术节约资源,同时加强能源约束指标考核,加强能源使用结构合理化的监管,加大能源使用和环境管理的监控力度,提高环境保护准入的门槛。

第二,促进清洁生产,减少污染排放。通过围绕生产中的清洁技术变革,促进制造过程的绿色进步。减少使用有害物质,禁止使用危险的原材料,从源头上减少危险废物的释放。尤其避免在电器、电子产品、汽车等重要产品中使用易碎、危险物品,逐步消除自然风险。促进行业的技术进步,改善钢铁和建筑材料行业的清洁生产,降低项目中的二氧化硫,氮氧化物和烟雾(灰尘)浓度。

第三,提高资源深层次使用效率,促进资源的循环发展。在资源使用上,采用资源约束指标进行考核度量,特别是建立和完善对资源的循环利用量化指标,促进企业、产业和园区等利用先进技术对资源深层次使用效率的挖掘,最大限度地减少资源的浪费。同时要加强企业、产业、园区对资源节约效率成果的共享,加强它们之间节能减排信息交流,实现互联互通,协同合作。鼓励生产企业对尚可使用工业固体废物进行深度开发,挖掘其潜在的经济价值,特别是对于规模较大,集约化程度较高的固体废物,采用现代先进技术深入开发其尚未发现的潜在价值。根据固体废物的种类进行分门别类再利用,实现固体废物的循环利用。智能化设计资源利用基地的建设,通过选取重点、强化制度体系、创新经营管理模式,大力鼓励、打造固体废物产业链一体化利用的连贯产业。

第四,削减温室气体排放,积极促进低碳转型。加快推进重点行业节能降耗步伐,推进重点行业低碳转型。结合重点碳排放行业的特点,制订低碳技术推广和实施的重大计划,大力推广应用先进、切实可行的新型低碳技术、新工艺、新装备和新材料。研究确定钢铁、建筑材料、有色金属、化学工业等主要工业部门的减排目标,并制定相应的减排措施,以提升第一产业的减排效能。

第五,借助现代科技促进绿色创新能力的提升。产业的绿色转型与升级是实现传统产业节能减排的重要途径,而产业的绿色转型与科技进步紧密相关,产业的绿色创新必须紧紧依靠科技进步的力量,必须紧跟当代科技变革,尤其是共性技术的变革,从而加快产业绿色科技创新的步伐,通过绿色创新促进绿色产品的有效供给,充分发挥产业绿色创新的引领作用,实现传统产业向现代绿色产业转型与升级。新一代清洁高效的可回收设备在制造过程中,围绕钢铁、有色、化工、建材、造纸等行业,以及国内大型科技项目、重大专项,最终突破一套关键技术,开发一套关键装备,支撑传统工业技术转型升级。

第六,构建绿色设计理念,大力发展绿色制造业制造体系。产业绿色化转型重点在于制造业的绿色化转型,制造业在各个产业之中资源消耗占有比例较大,废气、废水和废渣的排放数量也比其他产业较多,因此发展壮大绿色制造产业势在必行。制造业绿色改造必须从产品设计,生产加工、运输等各个环节进行绿色改造,尤其是从设计环节要加强绿色设计理念,同时加强对产品的生命周期各个阶段进行绿色管理。鼓励制造业企业开展全方位的绿色生产和经营,包括绿色技术和绿色产品开发,绿色环境和绿色车间的改造,绿色分厂的建立和绿色园区的建设,以及绿色供应链的形成,实现制造业在各个领域全方位的绿色化改造,推动制造业绿色生产体系的发展。同时在发展理念上,牢固树立产品生命周期的绿色管理理念,在资源使用上最大限度地利用可再生能源和减少影响环境的负产出,加强对节能、环保、回收产品的绿色化管理,推行绿色产品、绿色工艺和绿色环境的第三方评价和认证制度,颁布"绿色"产业的产品目录,以推动"绿色"的生产和消费。在此基础上,构建多主体协作机制,开展典型产品评价试点,并构建高效的监督机制。

第七,迎合区域比较方案,促进绿色和谐产业发展。贯彻落实区域产业发展的绿色理念,纳入区域比较方案,加强区域协调,推动区域产业绿色发展。根据地区的主要职能进行布局,并对产业结构进行优化。在重点经营区的规划中,发挥区域绿色产业示范效应,不同区域依据绿色资源的禀赋条件,包括绿色技术、绿色管理、绿色产品和绿色工艺等,结合周围的绿色环境,明确提出地区绿色发展的定位。各个地区依据绿色产业发展的基本要求和绿色约束指标,积极发展节能产品、制定土地资源和环境的保护政策,推动产业结构向低消耗、低排放的高效、高附加值绿色产业结构转变,提高传统产业清洁能源和水资源的比重,促使企业排污指标达到先进的水平。

第八,实施绿色制造+互联网,提升工业绿色智能水平。将互联网与绿色制造相结合,提高能源、资源、环境的智能化管理,推进生产要素的源头共享,发掘资源共享的潜能和数据的经济模式,推进绿色生产的数字化进程。加强数字化应用、动态能源监测、管理、监控和优化能力平衡分析调度。促进企业能源管理、数字化建设,通过先进的控制技术流程,提高能源效率,推动数据联网、云计算,特别是大型设备能耗降低。加强能源控制中心的建设,不断拓展和完善钢铁、化工、纺织、造纸等行业的能源控制中心。

第九,强化绿色标准指标引导,加强绿色约束能力建设。通过建立和完善绿色发展的约束指标,加大产业绿色发展考核力度。产业绿色化必须建立在产业绿色发展标准基础上,通过绿色考核的相应指标。这些指标包括绿色产品指标、绿色工艺指标、绿色环境指标、绿色服务指标等绿色指标体系,迫使企业摒弃高污染、高消耗的产品生产,主动积极推行绿色生产经营体系。同时,企业应通过构建各种绿色生产服务平台,加快发展区域节能环保产品和服务,提高企业绿色发展的意识。为了促进产业的绿色发展,必须加强构建包括绿色产业、绿色产品、绿色服务和绿色环境的筑绿色链。与此同时,需要加强园区绿色标准生产体系的建设,提升企业绿色生产能力,加强园区企业的能源使用效率,以及园区的排放系统建设,按照绿色约束指标实施用水量和碳排放约束,提升产业绿色发展的标准化水平。为充分发挥企业在标准制定过程中的作用,为促进企业生产经营更加符合绿色化生产的要求,应该充分发挥企业参与绿色化指标的制定,加强对绿色指标执行的相互监督,促进企业对绿色生产经营指标的认同,同时鼓励企业积极参与节能环保、低碳循环。2019年3月《绿色产业指导目录(2019年版)》是我国绿色产业发展的主要依据。

2021年2月《关于加快建立健全绿色低碳循环发展经济体系的指导意见》针对国民经济许多细分行业的社会再生产各个环节,包括生产、流通和消费,以及基础设施和技术等多方面,提出建立健全绿色低碳循环经济发展的要求。《指导意见》从多个方面部署了绿色低碳循环经济工作的重点任务。这些任务概括起来包括以下内容。

一是从生产体系上健全完善绿色低碳循环发展要求。《指导意见》指出要从多方面、全方位推进国民经济绿色升级,从工业到农业,再到服务业,再到环保产业和产业园区,以及产业集群等各个部门和行业推行绿色转型,提高绿色经济发展水平和构建绿色产业链。

二是加强流通体系的绿色低碳循环发展。按照绿色低碳循环发展的要求,加快流通领域的运输结构的调整步伐,加强低碳化的物流运输工具建设,提高流通领域物流运输组织管理水平,加强运输过程中的再生资源回收利用,促进绿色贸易体系建立和完善。

三是加强消费领域绿色低碳循环建设。绿色低碳化不仅要贯穿在生产和流通领域,同样也要在人们的消费中倡导绿色消费。要树立人们的绿色消费理念,鼓励人们践行绿色低碳消费的生活方式,树立厉行节约、杜绝浪费的消费理念。人们在日常的消费行为上,要积极对生活垃圾进行分类管理,加强对塑料污染全链条治理管理。

四是在基础设施建设方面实现绿色升级。基础设施绿色化转型是推动产业绿色发展的绿色物质基础。特别是城镇基础设施的绿色低碳化,对于促进产业绿色低碳化的实现至关重要。因此加强城镇的交通设施的绿色化是城镇基础设施绿色低碳化的重要内容。基础设施的绿色低碳化实现关键在于推动能源生产体系的绿色低碳转型,而能源生产体系绿色转型需要依靠能源消费的总量和强度的控制来实现,因此提升城镇的交通基础设施绿色发展水平,是改善城乡人民生活环境,提高人们生存质量的必然选择。

　　五是加强绿色技术创新建设,培育绿色产品交易机制。产业绿色低碳转型关键在于绿色技术的创新驱动,绿色技术创新为绿色产业低碳化提供了动力。因此,一方面要以市场为导向开展绿色技术创新,让绿色产品和技术成为市场交易的主要交易对象;另一方面政府要出台鼓励企业开展绿色技术创新的优惠政策,激发企业开展绿色技术创新的积极性,营造宽松的绿色技术交易市场环境,促进绿色技术成果的市场转化提高。另外,需要进一步健全和完善相关的法律法规,强化法律法规支撑产业绿色化转型,健全和完善绿色收费价格机制,加大财税扶持力度,大力发展绿色金融,完善绿色标准、绿色认证体系和统计监测制度,培育绿色交易市场机制。

第二章 滇黔桂革命老区绿色产业发展概况

第一节 广西革命老区绿色产业发展概况

2013年,广西壮族自治区人民政府发布《关于认定革命老区县(市、区)的通知》,认定南宁市兴宁区等84个县(市、区)为革命老区县(市、区)。名单如下。

南宁市:兴宁区、江南区、西乡塘区、良庆区、邕宁区、武鸣县、横县、宾阳县、上林县、隆安县、马山县;柳州市:柳江县、柳城县、鹿寨县、融安县、融水苗族自治县;桂林市:阳朔县、临桂县、灵川县、全州县、兴安县、灌阳县、龙胜各族自治县、资源县、平乐县、荔浦县、恭城瑶族自治县;梧州市:蝶山区、长洲区、苍梧县、蒙山县、岑溪市;钦州市:钦南区、钦北区、灵山县、浦北县;防城港市:港口区、防城区、上思县;贵港市:港北区、港南区、覃塘区、平南县、桂平市;玉林市:陆川县、博白县、兴业县、北流市;百色市:右江区、田阳县、田东县、平果县、德保县、靖西县、那坡县、凌云县、乐业县、田林县、隆林各族自治县、西林县;贺州市:八步区、平桂区、昭平县、钟山县、富川瑶族自治县;河池市:金城江区、罗城仫佬族自治县、南丹县、天峨县、凤山县、东兰县、巴马瑶族自治县、都安瑶族自治县、大化瑶族自治县、宜州市;来宾市:象州县、武宣县、金秀瑶族自治县;崇左市:江州区、扶绥县、大新县、天等县、宁明县、龙州县、凭祥市。

2021年,广西壮族自治区人民政府发布《关于补充认定革命老区县（市、区）的通知》,在2013年认定86个革命老区县（市、区）的基础上,补充认定永福县等12个县（市、区）为革命老区县（市、区）。补充认定名单如下。

桂林市:永福县;梧州市:万秀区、龙圩区、藤县;北海市:铁山港区、合浦县;防城港市:东兴市;玉林市:容县;河池市:环江毛南族自治县;来宾市:兴宾区、合山市、忻城县。

一、广西革命老区绿色产业种类

（一）绿色农业产业

广西革命老区是中国优质农产品的重要产区之一,绿色农业产业在广西革命老区的发展潜力巨大。目前,广西革命老区绿色农业产业主要包括有机农业、生态农业、特色农业等。其中,有机农业是广西革命老区绿色农业的重点发展方向之一,有机农产品种植面积不断扩大。老区农业资源利用更加合理高效,农业生态环境明显改善,农业投入品使用得到有效控制,农产品质量安全水平显著提高;到2025年,老区农业绿色发展取得重大进展,资源利用效率和产出效益显著提高,绿色生产技术广泛应用,农产品质量安全水平进一步提升,绿色发展体系基本形成。（数据来源于中经数据、科技厅和农业厅网站、国家统计局网站、广西统计局网站、百度、广西政府网等平台）

（二）绿色林业产业

广西革命老区拥有丰富的森林资源,林业绿色产业在广西也有着广阔的发展前景。目前林业绿色产业主要有林木种苗、森林生态旅游、林木采伐和加工等。其中,林木种苗是广西林业绿色产业的重点发展方向之一,目前已经建成了一批林木种苗基地,林木种苗销售量不断增加。林业和草原发展主要目标、主要任务、重大工程规划预计到2025年,全区林业产业总产值突破1万亿元,林产品进出口贸易额突破1200亿元,林产品加工转化率达到65%,林产品精深加工比重达到40%,森林生态旅游接待人数突破2亿人次。

（三）绿色渔业产业

广西革命老区拥有丰富的水资源和渔业资源,渔业绿色产业在广西也有着广阔的发展前景。目前,广西革命老区的渔业绿色产业主要包括水产养殖、水产品加工和水产品销售等。其中,水产养殖是广西渔业绿色产业的重点发展方向之一,目前已经建成了一批水产养殖基地,水产品产量不断增加。2020年,广西渔业绿色发展取得新进展,全年全区渔业经济总量同比增长3.6%,水产品产量达62万吨,渔业经济增加值达153亿元,增长4.6%。渔业绿色发展扎实推进,渔业生产结构持续优化。全年全区累计投放苗种135亿尾,增殖放流鱼、虾、贝、藻等生物资源超过60亿尾。绿色养殖技术推广普及步伐加快。全年全区新增省级以上水产健康养殖示范场37家,总数达到446家,新增国家级水产健康养殖示范场3家,渔业品牌建设成效显著。成功举办了中国(广西)国际水产品博览会、中国—东盟博览会水产品展区和中国—东盟现代渔业产业技术创新与服务联盟成立大会。

（四）绿色新能源产业

广西拥有丰富的风能、太阳能和水能等新能源资源,新能源绿色产业在广西也有着广阔的发展前景。目前,广西的新能源绿色产业主要包括风电、太阳能和水电等。其中,风电和太阳能是广西新能源绿色产业的重点发展方向之一,广西已经建成了一批风电和太阳能发电站,新能源发电量不断增加。"十三五"期间,广西新能源绿色产业发展将按照"创新驱动、内生增长、多元发展、协同推进"的方针,加快推动能源工业结构调整,坚持以节能减排为重点,以科技创新为动力,以清洁发展为方向,以提升绿色发展能力为主线,不断完善政策机制、优化产业布局、壮大产业规模、加强技术改造、强化节能减排、推进试点示范,努力构建高效、清洁、低碳的能源体系。全区可再生能源发电装机规模达到2100万千瓦以上,年均增长20%以上;风电装机容量达到400万千瓦以上;太阳能发电装机容量达到220万千瓦以上。

（五）绿色旅游产业

据广西壮族自治区统计局2021-08-24 15：33发布，"十三五"时期，广西以习近平新时代中国特色社会主义思想为指导，贯彻落实国务院《关于加快发展旅游业的意见》，积极发展特色旅游和全域旅游，着力打造国际旅游目的地，加快旅游产业转型升级，推进旅游业从高速旅游增长转向优质旅游发展，加快建设旅游强区。旅游部门调查数据显示，"十三五"时期，广西累计实现旅游总消费34900.59亿元，比"十二五"增长2.2倍（名义增长，下同），这受益于国内经济持续稳定发展、人民生活水平提高、出游意愿增强、交通基础设施的进一步完善特别是高铁通车里程的持续增长，2016—2019年广西接待国内游客人数和旅游总消费年均增长26.8%和33.2%，比"十二五"时期高7.7个和5.4个百分点。其中，2019年接待国内游客人数8.70亿人次，旅游总消费10241.44亿元，创历史新高，提前实现了接待旅游总人次达到8亿人次和1万亿元的"十三五"期末年的目标。

二、广西革命老区绿色产业转型与发展总体状况

"十三五"期间，广西革命老区以"两山"发展理念为引领，坚持问题导向，水土共治，以壮士断腕的勇气和决心控源截污，扎实推进净土保卫战，促进经济绿色转型升级，让绿色成为新时代最亮丽的底色。总长60多公里的沙江河流经宾阳县四个乡镇，是养育了流域内30万左右人口的母亲河。它曾经清澈见底，鱼虾成群，给沿岸百姓留下了美好回忆。可在20世纪90年代初，随着当地造纸制革产业的迅猛发展，沙江河两岸最多的时候分布有200多家相关企业，生产污水直排入江，致使沙江河不堪重负，开始变色，污染最严重时，沙江河水质在劣Ⅴ类以下，底泥有多种重金属超标。自2016年广西净土保卫战打响以来，宾阳县投入3900多万元对沙江河进行环境综合治理。清理沙江河受污染的9700多方底泥，并采用水泥窑协同处置技术进行无害化处理。为了控制污染源头，宾阳县选择关停小作坊，引导企业转型。广西壮族自治区革命老区是中国南方的重要绿色产业基地，已经形成了以新能源、生态

第二章 滇黔桂革命老区绿色产业发展概况

农业、循环经济、绿色建筑和生态旅游为主导的绿色产业体系。其中,新能源、生态农业和循环经济发展迅速,成为广西绿色产业的三大支柱。

食品及其加工产业多年以来始终是广西—东盟经开区的支柱产业之一。食品及其加工产业经过多年的积累,已经形成了广西特色的食品产业。为了进一步开发食品产业的特色,广西围绕食品产业的配套产业不断进行创新,逐渐形成了颇具特色的水平配套产业,而且这种特色食品配套产业正在逐渐完善。另外,在食品产业众多的企业中,综合实力比较强势的龙头企业正在带动其他食品企业一并发展,而且这种带动作用越来越凸显。随着食品产业创新程度加快,相互关联的食品企业正在加强相关技术、管理和信息的沟通互补,食品产业链正在逐步形成,并发展壮大。据统计,目前食品企业已经聚集100多家特色食品企业,众多的食品企业集聚进一步推进特色食品加工产业融合,食品产业的融合又驱动了食品产业创新链融合发展。广西的食品产品创新经过多年的发展,目前已经具有市级及以上研发平台31个,其中县市级的食品研发平台4个、食品高级技术企业10家、自治区级专精特新中小企业7家、广西智慧工厂示范企业3家。在食品产业链中广西的水果产业非常突出,广西围绕沃柑特色水果产业链融合创新链,成功打造中国第一条沃柑果汁自动化生产线,并成立广西果业技术研究院。广西—东盟经开区管委会注重抓好政策引擎,确保政策红利转化发展动能,筑牢产业链配套,打通全产业链协作配套堵点卡点。在食品加工产业上中下游各环节均有布局。广西—东盟经开区通过废弃物回收再利用、水资源循环利用、能量梯级利用等措施,以及技术研发、孵化器公共服务平台等基础设施建设,实现企业间物资、流量、信息和技术链接,构建了肉制品加工循环经济产业链、啤酒生产企业循环经济产业链等。广西—东盟经开区实现了绿色能源集中供给,即辖区现拥有2家绿色能源供给企业,目前使用集中供热企业达78家,使用天然气工业企业达29家,发展太阳能等清洁能源和可再生能源产品,改善企业的用能构建。同时,持续开展绿色治理工作,全方位提升生态环境保护水平,推动产业绿色发展。绿色是高质量发展的鲜明底色。"坚持走生态优先、绿色发展之路,是立足新发展阶段、贯彻新发展理念、构建新发展格局的必然要求。"广西—东盟经开区将加快构建绿色循环经济体系,立足现有食品产业基础和资源禀赋,着力推动特色食品产业集群发展,集中力量、集中资源开展食品产业建链、补链、强链、稳链工作。

"十三五"以来,广西牢固树立绿色发展理念,坚持把节约优先、保护优先、自然恢复作为基本方针,努力探索出一条以生态优先、绿色发展为导向的高质量发展新路子。据了解,截至2019年底,全区林业产业总产值由2013年的3020亿元增加到7042亿元,位居全国第二位。2019年全区城市环境空气质量优良天数比率为91.7%,全国排名第七,主要污染物浓度下降,并连续两年实现全区达标,地表水水质优良比例为96.2%,近岸海域水质优良比例为90%,已连续八年排名全国第三,国土绿化和石漠化综合治理成效显著,全区森林覆盖率达62.45%,稳居全国第三位,人工林面积超过1.36亿亩,居全国第一。广西石漠化土地减少率及植被生态质量和植被生态改善程度均居全国第一。水清岸绿、鱼翔浅底、白鹭翩翩,这是在北海市冯家江流域随处可见的景象。在过去的三年多时间里,当地以"生态恢复、治污护湿、造林护林"为主线,系统改善冯家江流域片区人居环境,聚焦发展绿色创新产业,成功将自然生态环境优势转变为经济发展优势。如今,冯家江的生态治理与综合开发成为全国第三批生态产品价值实现典型案例之一。八桂好山水,满眼皆生态。把"绿水青山"的"颜值"有效转化为"金山银山"的"价值",生态产品价值实现机制是一条关键路径。破解生态产品"度量难、交易难、变现难、抵押难"的问题,全面对标对表国家相关部署要求,明确了广西生态产品价值实现机制的"四梁八柱"。全区各地纷纷行动起来,在加大生态投入、加强环境整治、加快生态格局重构重塑的同时,也在持续夯实生态产品价值实现基础,不断健全生态产品经营开发机制。其中,一些地方通过加快完善政府主导、企业和社会各界参与、市场化运作、可持续的生态产品价值实现路径,成功拓宽了"绿水青山就是金山银山"转换通道。

三、广西革命老区绿色产业转型与发展案例

(一)南宁绿色转型和绿色产业发展案例

南宁化工股份有限公司是由南宁化工集团有限公司为主要发起人成立的股份有限公司,其地块污染面积约1280亩,土壤中的污染物达26种,主要以重金属、挥发性和半挥发性有机污染物为主,长期渗透迁

第二章　滇黔桂革命老区绿色产业发展概况

移导致地下水也遭到了污染。2016年,南化地块启动修复工作,并创新性地提出了水土共治的治理修复模式,成为国内污染地块土壤与地下水协同修复的典型案例。土壤作为地下水的污染源,通过稳定化、化学氧化和热脱附的激素而针对地下水采用抽出处理和原位化学氧化的一个联合技术,从而实现土壤与地下水同步修复的一个目标。南化地块土壤修复工程总投资2.66亿元,共处理污染土壤约77万立方米,土壤修复总面积约25.8万平方米,地下水修复面积约24.7万平方米。经过三年的治理与修复,根据第三方评估结果,南化地块已经达到修复目标及国家建设用地标准,可满足后续商住用地开发要求。自广西打响净土保卫战以来,其稳步开展土壤污染状况详查,全面摸清家底,初步采样污染捕获率居全国前列。在治理过程中,全区坚持源头治理,系统实施,使土壤环境质量状况保持总体稳定。"十三五"期间,广西共获得中央土壤污染防治专项资金20.79亿元,推进土壤污染治理修复调查评估污染源头防控能力建设类项目314个,截至2020年底,累计完成项目251个,完工率79.9%,累计推进889.05万亩农用地安全利用。目前,南宁市积极引进绿色农业技术和模式,如有机农业、生态养殖等,通过技术培训、示范推广等方式,帮助农民提高种植、养殖技术水平。南宁市加强了对农产品生产、流通、加工、销售等全产业链的管理和监督,通过提高产品质量、建立品牌、拓展市场等方式,促进了绿色农产品的产销。建设生态农业示范区。南宁市在城乡结合部建了多个生态农业示范区,如万象生态农业示范区、横县生态农业示范区等,加强了绿色农业的宣传和推广,带动了当地农业的发展。南宁市通过政策支持、资金扶持等方式帮助农民增加收入,提高生活水平。目前南宁市正在推动绿色农业发展,涉及土地利用、农业生产、环境保护等多个方面:南宁市拟建设绿色有机蔬菜生产基地,规划面积达到5000亩以上。截至2021年,南宁市已有90个村庄被认定为绿色生态村,覆盖面积达到181.35平方公里。南宁市已经实现了水稻、糯米、甘蔗、香菇、鸭等多个农业品种的无公害、绿色种植。南宁市共计建设了6个农业科技示范园区,覆盖面积近3000亩,涉及高效节水农业、循环农业等多个领域。南宁市目前正在推动农村生活垃圾分类处理工作,已经实现了50个镇村的垃圾分类,覆盖率达到73%以上。(以上数据仅供参考,具体的数据情况可能会有所变化。)

(二)桂林绿色转型和绿色产业发展案例

桂林市位于广西壮族自治区中部,是我国南方著名的风景旅游城市之一。桂林市自然环境优美,具有雄伟、奇幻、秀美的山水特色,因此成为了一个备受欢迎的旅游胜地。近年来,桂林市积极发展人工林、茶叶、果品等绿色产业,并逐渐形成了以观光型、生态型、休闲型为主的绿色旅游产业。桂林市现在已经成为一个集农业、旅游、制造、服务于一体的现代化产业城市。桂林市以秀美的山水闻名天下,但其实,近年来桂林的工业也在这片沃土上实现了绿色崛起。刚刚过去的2020年,桂林全市工业经济实现逆势上扬,全年规模以上工业总产值达到两位数的增长,增速较2019年在全区提升了三位。近年来,桂林市委、市政府坚持把绿色产业发展作为工作的重中之重,深入实施绿色工业振兴三年行动。桂林培育强优绿色企业,加快园区聚集,绿色工业做大做强,在降低企业用地、用水用电等这些成本方面都加大了政策力度,大力实施绿色创新,完善重点工业企业的绿色工作机制,不断拓展绿色服务的广度和深度。同时,桂林加大绿色金融支持工业的力度,突出创新引领,狠抓绿色企业的提升,积极培育规范的企业,在推动绿色工业振兴的过程中,桂林的工业园区建设也是成绩亮眼。按照全市绿色工业发展一盘棋的思路,构建三大园区作为主战场,四大工业重点县为支撑,五个生态功能区县为补充的"345"工业发展新格局,拓展了园区绿色发展的空间。桂林积极引进社会的资本参与绿色园区的建设,强化绿色转型目标考核,实施标准厂房建设补助的办法,壮大工业树,繁茂产业林。桂林走特色工业绿色发展之路。一是实施强链补链的行动。围绕推进绿色产业基础高级化、绿色产业链的现代化要求,加快推进深科技三期长虹高端装备绿色制造产业园。广西医疗机械桂林绿色产业园、桂林装备式绿色建筑产业园等。这些项目的建设在绿色发展基础上,加快引进一批演链、强链、补链的项目。桂林做大做强,智能终端制造、生态食品、电力以及高端装备的制造、生物医药以及医疗器械、新能源商用车以及轨道交通、新型建材六大产业链。二是桂林实施绿色龙头企业培育的行动。桂林计划新增自治区级的工业绿色龙头企业十家,培育50亿元以上的绿色企业。三是实施绿色产业大招商行动。桂林聚焦智能制造。新能源、新材料、大数据这些重点领域,加快推动了一批重大的绿色项目尽快落地。四是实施绿色项目大推进行动,建立指挥长负责的绿色项目建设的推进机制,重点推进绿色制造工业领域的项目和安科信数字能源等10大智能制造项目。坚持绿色特色化、专业化、职业化方面发展。强化园区产业链协同发展。支持桂林漓江生态保护和修复提升工厂建设,桂林将这个工程纳入国家"十四五"规划的专项和全国重要生态系统保护和修复重大工程的总体规划。桂林围绕稳绿色农业、绿色工业和商旅的总体工作思路,以绿色高质量发展为目标,重点抓好园区建设、招商引资、城市拓展、重大项目建设等各项工作,突出抓好绿色产业园的建设,高位推进油茶产业园的建设,奋力谱写绿色工程经济社会发展高质量。目前,桂林着力把漓江打造成为国内江河综合治理典范,和世界级生态环境保护的样板,打好污染防治的攻坚战,强化源头环境风险的控制,统筹推进大气、水、土壤和垃圾等综合治理,不断夯实世界长寿市、全域长寿市的生态底蕴,加快大健康、文旅产业、生态旅游方面绿色发展。

(三)柳州绿色转型和绿色产业发展案例

柳州水环境和空气质量名列前茅,水质量连续多年全国排名第一,柳州建成区的绿化率达到45%,全市森林覆盖率达到67.2%,北部三线的森林覆盖率更是达到80%。三江县,是广西重要的林业基地国家生态重要工程县,是中国茶叶生态建设十强县;融安县是全国最大的香杉种植县之一,每年可采伐60万立方米以上,占广西产量的45%;融水县的元宝山是国家级森林公园;融水县境内的九万大山是国家自然保护区,融水被称为"杉木王国""毛竹之乡";柳城县是柳州工业高质量发展主要拓展区,2022年获得"中国气候宜居县"标志,还是广西公园城市试点县;鹿寨县曾经获得广西经济发展的十佳县称号,大力发展生态工业、生态农业、生态旅游业、林业产业是鹿寨工业发展的主导力量之一。几年时间螺蛳粉从地方小吃发展成为网红大产业,柳州成为网红城市,形成了三产交叉融合的现代产业,农业产业与工业、旅游业融合发展之路。

(四)梧州绿色转型和绿色产业发展案例

近年来,随着六堡茶作业链的完善,六堡茶产业具有了腾飞的基础,培育出属于六堡茶产业的专属品种,定好标准、定好工艺、打造"茶船古道"品牌,进入连锁企业销售,依托已建立的全国首家具有金融属性的茶船古道六堡茶公共茶仓,加强智慧化、自动化的标准化仓储,建立统一标准、统一装修、统一风格的"茶船古道"六堡茶旗舰店等。确立起可溯源的六堡茶"身份证",提高茶园科技附加值,全面收集现有六堡茶企业的基础数据,实现实体经济网络化。

（五）钦州绿色转型和绿色产业发展案例

钦州抓住西部陆海新通道、广西贸易试验区、平陆运河建设等重大机遇,全面实施"建大港、壮产业、造滨城、美乡村"四轮驱动战略,加快打造绿色化工、新能源材料、海上装备制造、电子信息、粮油木材大宗商品交易5条千亿元产业链、5000亿元以上产业集群。目前钦州已开通66条国际班轮航线,海铁联运,实现无缝对接,7条铁路和5条高速公路在钦州交会运营,开通运营中欧班列,西南国际出海通道的战略地位不断凸显。广西钦州石化产业园,规划面积约76平方公里,从2013年起连续9年荣膺中国化工园区30强。

（六）贵港绿色转型和绿色产业发展案例

近年来,贵港市深入贯彻新发展理念,成为广西战略性新兴产业城。华奥新能源汽车、腾骏汽车、爱玛电动车、塞尔康电子、嘉龙海杰电子、安铂瑞医疗、石药泰诺等一批新兴产业项目落户贵港,发展迅猛。贵港市大力实施产业强市的主导战略、东融南向的开放战略、改革创新的驱动战略、绿色共享的发展战略共四大战略；突出工业振兴、乡村振兴、交通振兴、文旅振兴共四大振兴,经济社会发展取得巨大成就。规划建设中国—东盟新能源电动车生产基地,大力培育发展新能源电动车产业,实现产业从无到有、从小到强迅速发展。贵港覃塘绿色高效产业链拉动"百亿"大产业,其中柏秀全屋定制家具体验馆,2017年高档家具年产量可达五万套,相对广东的一些综合品牌,这家家具厂综合成本可以降低25%到30%左右,家具用的板材主要原料来自广西,拥有自己的板材厂。

（七）河池绿色转型和绿色产业发展案例

近年来,河池市聚焦饮用水、山茶油、白酒等得天独厚发展优势的长寿绿色食品产业,以构建"品牌强大、品质优良、品种优化"食品产业发展体系为目标,压紧压实食品安全属地管理责任和企业主体责任,助力绿色食品产业蓬勃发展。去年12月,河池市根据长寿食品主体经营续存状况,动态调整包保台账主体,将全市71家长寿食品企业项目纳入A、B级包保主体,由市、县党委政府领导包保,确保长寿食品企业包保主体应纳尽纳、不漏户。同时,通过深入开展食品安全"守查保"专项行动,强化包装饮用水、白酒、巴马山茶油、火麻油等食品生产企业监管,建立食品生产企业底数清单、食品生产环节风险隐患和监管措施清单等,加强对巴马长寿生产食品产业园、东兰长寿食品加工产业园特色绿色食品企业的源头治理和过程管控,有效提升全市长寿食品安全监管能力和水平。去年以来,市场监管部门从产品生产、检验、标准等方面,对绿色食品生产重点企业进行全方位"会诊",助力企业生产市场放心的高质量产品。"在市场监管部门引导下,我们公司生产的山茶油、有机野生山茶油和初榨火麻油等产品成功通过'圳品'认证,产品质量管理水平得到全面提升"。长寿食品深加工附加值显著提升。

（八）贺州绿色转型和绿色产业发展案例

按照"绿水青山就是金山银山"的要求,贺州市在大力发展碳酸钙产业的同时,把环保视为园区发展的生命线,抓好、抓严、抓实生态环境保护建设,推动企业、园区、生产绿色化。在环保生产方面,园区与华润产业园合作,通过水泥厂,对岗石废渣综合处理,制成水泥;通过火电厂,对大理石废浆综合利用,制成石膏,探索出一条行之有效的工业固废"吃干用尽"循环利用方法;已实现了石材生产污水循环利用,达到零排放;废气经处理后达到二级排放标准。在小散乱整治方面,出台了《贺州市石材碳酸钙企业生产环境综合治理实施方案》等系列产业政策文件,采取"就地整改一批、搬迁入园一批、取缔关闭一批","三个一批"举措,全面开展小散乱整治工作。一期治理工程总投资3.9亿元,项目占地面积500亩,共建标准厂房28栋(含企业自建),建筑面积17.2万平方米,已将近百家企业整合成42家小微企业入驻标准厂房。

茶产业是贺州昭平县三大百亿元产业之一,昭平县深入推进一片叶子品牌建设,目前全县拥有浮云6号、碧香早、黄金茶和大塔山茶等多个品种。昭平茶叶具有色泽翠绿、甘爽耐泡的品质特征,倒入杯中冲泡后兰花清香四溢,素有"水似石出情更美,茶似风生味更圆"的美誉,深受全国茶客们的青睐。目前,昭平县茶园总面积达25万亩,年产干茶产量达1.8万吨,总产值超20亿元,昭平茶品牌价值达39.7亿元。下一步,昭平县将继续贯彻落实自治区关于促进广西茶产业高质量发展的部署要求,践行绿水青山就是金山银山,坚持生态优先绿色发展,做大做强茶产业。展望未来,昭平县将积极依托生态资源优势,坚持绿色发展底色,着力打造一片叶子、一瓶水的康养旅游品牌,奋力绘就全域旅游美好蓝图。

第二节　云南革命老区绿色产业发展概况

云南省人民政府于1998年8月和2014年4月先后两次确定了全省58个县(市)、45个乡(镇)为革命老区。其中包括东川区、巧家县、武定县、文山市、镇沅县、孟连县、西盟县、景洪市、勐海县、弥渡县、维西县、临翔区、威信县、镇雄县、彝良县、富宁县、广南县、临翔区、沧源佤族自治县、双江拉祜族佤族布朗族傣族自治县大文乡,普洱市革命老区包括思茅、宁洱、墨江、景谷、江城和澜沧6个县(区),昭通市的威信县、镇雄县、彝良县,文山州的富宁县、广南县,寻甸的柯渡,曲靖市沾益县的播乐、罗平县的钟山、陆良县的龙海山、红河州弥勒县的西山,普洱市景谷县的碧安、文山州邱北县的雄山、富宁县的谷拉,大理州祥云县、景洪市、勐海县、昆明东川区铜都镇和汤丹镇、陆良龙海乡、镇沅县、西盟县、石林县、宜良县、禄劝县、安宁市等县市。

一、云南绿色产业种类及其发展现状

云南通过大力发展绿色产业,促进了能源工业结构的优化升级和综

合利用水平的提高。云南是一个少数民族大省,省内居住着傈僳族、彝族等22个少数民族。云南省是我国西南地区的边陲省份,因其绝佳的地理位置和独特的生态环境而成为了我国重要的生态屏障之一。云南省积极发展绿色产业,目前已形成了以生态农业、生态旅游、生物医药、新能源等为主的绿色产业体系。其中,生态旅游业规模最大,贡献最多。云南省不仅拥有著名的旅游景点丽江、大理等,同时还因为其独特的地理环境和民族文化吸引越来越多的国内外游客。云南革命老区的绿色产业是指在保护生态环境的前提下,利用当地的自然资源和人力资源进行经济活动,实现社会、经济和生态的可持续发展。云南省拥有丰富的自然资源,如高山、草甸、森林、湖泊、河流等,同时还具有丰富的人文资源,如少数民族风情、古建筑等。

云南省的绿色产业主要包括以下几个方面:(数据来源于中经数据、科技厅和农业厅网站、国家统计局、云南统计局、百度、云南政府网等平台)

(1)生态旅游业。云南拥有丰富的自然景观和人文景观,是国内著名的旅游目的地之一。云南的生态旅游业以"山水林田湖"为特色,包括大理、丽江、香格里拉等景区,已经成为国内外游客热门的旅游目的地之一。

(2)茶叶产业。云南是中国重要的茶叶产区之一,主要分布在普洱、临沧、西双版纳等地区。云南的茶叶以普洱茶为主,其他的还有云南红茶、滇红、芽苞等。茶叶产业的发展不仅带动了当地农民的生活水平提高,还保护了茶叶生产区的生态环境。

(3)花卉产业。云南的花卉产业已经发展成为全国重要的花卉生产基地,主要分布在昆明、玉溪、丽江等地。云南省的花卉品种丰富,如杜鹃花、玫瑰花,以及一些珍奇花卉等。在花卉产业的发展过程中,它们不仅美化了城市环境,也带动了当地的旅游业。

(4)有机农业。有机农业是一种以保护生态环境为前提的绿色农业,云南省的气候和土壤条件适合有机农业的发展。云南省的有机农产品有:有机花椒、有机茶叶、有机大米、有机蔬菜等,在市场上受到了消费者的青睐。

(5)绿色食品产业。云南省具有丰富的自然环境和气候条件,适合发展绿色食品产业。现在,云南的绿色食品,已经初具规模,主要包括茶叶、水果、蔬菜、畜牧业等。其中,普洱茶、大理石榴、玉溪蒜等产品已经有了一定的品牌影响力。如云南新平县,加快农业供给侧结构性改革,把建设绿色食品牌产业基地作为推进一线一业的重要抓手,全力打造绿色食品生产基地,促进高原特色现代农业高质量发展。新平县强化产品落在品牌上、品牌落在企业上、企业落在基地上的发展理念,不断加大宣传,鼓励县内企业合作社积极发展绿色食品牌产业基地,到现在,全县已经有24家企业通过绿色食品牌认证,产业涉及茶叶、水果种植、生猪养殖等领域。

(6)绿色能源产业。云南拥有丰富的水力、光伏、风力等可再生能源资源,是国内重要的绿色能源基地之一。目前,云南省的绿色能源产业已经初步形成,主要包括水力发电、光伏发电、风力发电等。其中,昆明研祥光电、云能集团、昆明电力等企业在绿色能源领域具有一定的影响力。云南能源资源丰富,云南太阳能资源占全国的45%,风能资源占全国的40%,水能资源占全国的46%,这是一个十分突出的优势。近年来,云南省高度重视能源发展工作,积极调整优化产业结构,加快转变发展方式,在新能源、新材料、生物医药、先进装备制造、电子信息等新兴产业领域培育壮大了一批能源企业。2010年云南绿色能源工业实现增加值170亿元,占全省工业增加值的16%。2011年到2013年,云南绿色能源工业年均增速达到13%左右。围绕打造千亿元产业和建设千万千瓦级新能源基地目标,编制完成云南省"十二五"时期能源工业发展规划及配套专项规划。为进一步加强云南绿色能源产业的规划、指导和管理工作,促进绿色能源工业健康快速发展。

二、云南产业园区绿色转型

全面振兴绿色园区经济是云南经济工作的主战场之一,各地着力推动产区向绿色化、低碳化、循环化转型发展,推进绿色能源和绿色制造产业链深度融合、高端跃升,打造绿色制造高端产业集群,发展高附加值特色产业支撑,携手构建绿色低碳循环工业。位于红河州芦溪县的绿色低碳示范产业园区,将产业链打造为低碳产业基础,目前,该基地企业生产用电大部分采用新能源发电项目,节省了大量的电力成本、天然气成本、人工成本。云南推动重点产业园区高质量发展,提出促进园区低碳化、数字化、高端化发展,打造低碳绿色园区,并设置了绿色低碳的评价指标,截至2022年底,全省有7个园区被认定为国家级绿色园区。

昆明的经济技术开发区建成国家生态园区,建成资源循环利用供应链,实现工业费用的循环利用。昆明安宁工业园区是集石油、钢铁、磷化工三大产业于一体的园区。中石油云南石化1300万吨炼油项目采用低碳环保型工艺,可生产17类70多种产品。十年来,昆明加快构建具有区域特色的现代产业体系,形成了绿色化工、冶金等千亿级产业集群,新能源电池、锡贵金属、信息制造三大千亿级产业集群初显雏形,一大批低碳环保重大产业项目先后投产,支撑了昆明的高质量发展。云南实现乡村振兴、农业强国、粮食安全,重点强调三化:一是乡村振兴要绿色产业化,二是农业强国要绿色化,三是粮食安全要科技化。绿色产业振兴是乡镇经济发展重点,让乡村特色资源得以充分利用,通过绿色产业提高效率来赋予农民更多实惠,乡村经济要在绿水青山的基础上进行发展,只有保护了绿水青山,才能得到持续科学的发展。因此,产业的绿色化是云南革命老区经济社会发展的基础。

三、云南革命老区绿色产业转型与发展案例介绍

(一)镇雄县

云南省昭通市在政府工作报告中提出,2023年昭通要壮大特色产业,全力打造三个千亿元产业,谋求昭通之变,推动工业实现突破性增长。昭通是云南工业基础较为薄弱的州市,要打造三个千亿元产业,发展昭通将从"电"好基础、从"磷"起步、"硅"模发展三个方面,壮大产业筋骨,挺起发展脊梁,增强经济体魄,让发展动力强起来、发展速度快起来、发展效能提起来,抓出成效、抓出特色、抓出优势,全力推动昭通经济社会高质量、跨越式发展。在"电"好基础方面,将发展以"电"为核心的绿色能源产业,支持保障白鹤滩等三大电站稳定发电,推进向家坝坝后电站前期工作;大力推进15个光伏风电发电项目建设,争取光伏风电装机达到200万千瓦以上;释放镇雄、威信电厂四台火电机组产能,启动华润镇雄2×35万千瓦火电项目建设;运营好三个垃圾焚烧发电厂,启动大关天星、永善细沙2个焚烧发电项目;加快9个抽水蓄能项目前期工作,总装机1570万千瓦。到2025年,昭通全市发电量将达1000亿千瓦,绿色能源产值将突破千亿元。在从"磷"起步方面,将发

挥镇雄磷矿储量将近全国51.48%的独特优势,抢抓动力电池作为当前全球最热门的产业发展赛道机遇,以资源换产业,以资源换市场,以资源换技术,打造昭通竞争新优势。同时,抓好云南中晟锂离子电池、锂宸负极材料等项目建设,加快盈和磷酸铁锂电池等项目建设,与云天化等企业合作,共同打造镇雄磷基新材料全产业链。到2025年,镇雄磷矿资源全面开发,全市将形成20万吨正极、50万吨负极及若干上下游配套项目,为建成千亿级新能源电池产业打下坚实基础。在"硅"模发展方面,将依托分布广泛、储量丰富、品位优良的硅矿资源,着力打造以硅为主导的绿色硅产业。加快建成合盛硅业80万吨水电硅、新安化工10万吨工业硅等龙头项目,积极引进硅精深加工下游企业,打造硅全产业链。到2025年,昭通市将形成90万吨工业硅和80万吨有机硅产能,硅产业产值将达到780亿元,加上铝产业产值240亿元,全市绿色硅铝产业产值将达到1000亿元以上。

(二)彝良县

彝良境内山峦起伏,气候温润,物种丰富,优良的生态环境离不开青山绿水,这里的山被漫山遍野的青翠竹林所覆盖,竹类种质资源丰富,竹产业发展潜力巨大。以竹为伴,以竹兴业,以竹立民。彝良县始终坚持打造生态品牌,走特色产业路,将资源优势转化为经济优势。为培育壮大主产业,彝良县将主产业高原特色农业产业发展体系总体布局,出台一系列措施及优惠政策,从科学规范经营管理,整合小乱无序加工,到支持重点企业技术创新,实施品牌战略,积极开拓市场、引进人才,优化提升产业发展环境。同时,加大与科研院校的科技合作,建立产学研合作关系,助推主产业高质量发展。"十四五"期间,彝良重点推进主产业发展。2022年,全县竹子面积达100万亩,投产56.48万亩,产量12.7万吨,实现种植产值11.4亿元,覆盖农户5.5万户22.5万人,户均增收2.07万元,引入培植竹笋精制和厨材加工公司5家,实现加工产值3.47亿元,全县主产业综合产值达到14.87亿元。未来,彝良将持续发展主产业,至2025年,稳定主产业基地100万亩以上,投产面积82.2万亩,实现主产业。综合产值25亿元,万顷竹林为农民增收致富提供了保障,宜良群众守护的绿水青山已经成为金山银山。

（三）广南县

广南县大力提倡发展大健康产业、绿色产品、绿色食品、健康生活。广南有丰富的生物资源，如中华神经酸树（蒜头果）、千年仙草（铁皮石斛）、高峰牛、茶叶、白花油茶，这些都是为广南县打造大健康产业、绿色食品、健康生活最好的资源和载体。广南继续团结带领广大科技工作者在绿色发展当中积极地努力，争取有所突破，有所作为。广南县确定发展的方向以后，积极地招大商引大资，引进了云南贝木生物科技开发有限公司、云南药王谷科技有限公司，还有广南凌垭铁皮科技有限公司等大健康企业。蒜头果目前全国仅有5万多株野生，现在胸径在5厘米以上的有38000多棵。广南蒜头果的神经酸含量已经达到了64.46%的高水平。蒜头果在广南县开花结果比较早，果实比较大，果皮比较薄。广南县已经与浙江大学现代中医研究所签订合作协议，开展了科技科学的技术合作协议，建立了科技的合作平台，研制出了许多关于神经酸的产品，如神经酸胶囊、神经酸含片等产品。目前在神经酸当中有10个实用新型专利。铁皮石斛目前有发明专利5个，26个实用新型专利，开发了石斛新品3个，而且运用科技的手段，开发出了石斛面膜、石斛口红、石斛牙膏和石斛面条，还有石斛饺子。石斛产品可形成很长的产业链，广南铁皮石斛产业生态链，包括种苗原料、工业营销、电商产业服务中心孵化基地、商务一体化的产业生态链，致力于产业的一体化、经营的多元化，建设高品质的六郎城石斛康养生度假旅游特色小镇。广南县的5G大数据中心已经是如火如荼地在规划和建设当中，对蒜头果种苗的研究培育与栽培已经取得了突破性的进展。蒜头果到2035年规划种植100万亩，其中广南县境内种植50万亩，分布的植株有的已经开花，也有的已经结果。此外，广南县还引进了腾讯南京金光紫金创业开发有限公司，以对接蒜头果这个App的线上线下工作，用互联网5G的大数据产生经济效益。广南深入实施科教新械的战略、人才强械的战略、创新驱动发展的战略，紧紧地围绕产业发展关键核心技术的需求，开展技术的交流、科技的咨询与服务，极大地推动了广南高质量绿色发展。

第三节　贵州革命老区绿色产业发展概况

贵州省简称"黔"或"贵"。土地总面积为 17.6 万平方公里,总人口 3858 万人。有汉、苗、布依、侗、彝、水、回、仡佬、壮、瑶、满、白、土家等 49 个民族,其中少数民族人口 1442.9 万人,占全省总人口数的 37.4%。贵州是全国唯一没有平原作支撑的农业省,在全省土地面积中,山地占 87%,丘陵和平坝地占 13%,海拔最高 2900 米,最低 137 米;耕地面积 2761.5 万亩,其中水田 1155.4 万亩,旱地 1606.1 万亩,人均耕地仅 0.8 亩,人多耕地少,粮食供需矛盾突出。

目前,全省行政区划共设置 6 个地级市、3 个自治州,88 个县(区市、特区),其中:10 个县级市、61 个县(11 个自治县)、1 个特区、16 个市辖区、535 个乡、253 个民族乡、675 个镇。全省老区县(市)有 41 个,所辖老区乡镇 675 个,占总数的 33.2%。老区土地面积 10.2411 万平方公里,占全省土地总面积的 58%;人口 2019.52 万人,占全省人口的 52.34%。全省 41 个革命老区县(市、区)分布在六盘水、遵义、毕节、铜仁 4 市和黔东南、黔南、黔西南 3 自治州的广大地区。遵义市(11 个):红花岗区、汇川区、播州区、桐梓县、凤冈县、余庆县、湄潭县、习水县、赤水市、仁怀市、绥阳县;六盘水市(3 个):钟山区、水城区、盘州市;毕节市(7 个):七星关区、大方县、黔西市、金沙县、纳雍县、威宁县、赫章县;铜仁市(7 个):沿河县、印江县、德江县、松桃县、石阡县、江口县、万山区;黔东南州(7 个):黎平县、榕江县、锦屏县、从江县、黄平县、镇远县、凯里市;黔南州(3 个):荔波县、瓮安县、罗甸县;黔西南州(3 个):望谟县、贞丰县、册亨县。(来源:《中国革命老区》)

一、贵州革命老区绿色转型与绿色产业发展现状

(以下数据来源于中经数据、贵州科技厅和农业厅网站、国家统计局、贵州统计局、百度、贵州政府网等平台)

第二章　滇黔桂革命老区绿色产业发展概况

（1）绿色食品产业。贵州省拥有雨水丰富的自然环境和气候条件，适宜发展绿色食品产业。目前，贵州省的绿色食品产业已经初具规模，主要包括茶叶、水果、蔬菜、畜牧业等。其中，贵州毛尖茶、贵州龙眼、贵州猕猴桃等产品已经形成了一定的品牌影响力。贵州是全国唯一没有平原支撑的省份，全省高原特色农业产业基础较好，蔬菜、茶叶、食用菌、中药材、水果等七大优势产业发展较快。其中，蔬菜产量居全国前列。2019 年全省蔬菜种植面积 1320.9 万亩，产量 2072.65 万吨，同比分别增长 4.3% 和 12.3%。

（2）茶叶产业发展迅速。2019 年，全省茶叶种植面积 320.5 万亩，同比增长 5.9%；茶叶产量 17.84 万吨，同比增长 3.2%；茶叶产值 116.8 亿元，同比增长 8.8%；茶叶出口 0.28 万吨，同比增长 37.9%；2019 年全省茶叶出口总量位居全国第二位。

（3）绿色旅游产业。贵州省拥有得天独厚的自然风光和人文景观，适宜发展绿色旅游产业。目前，贵州省的绿色旅游产业已经初步形成，主要包括生态旅游、文化旅游、休闲旅游等。其中，贵州黄果树瀑布、贵州荔波小七孔、贵州镇远古城等景区已经成为国内外游客喜爱的旅游目的地。随着大众旅游时代的到来，生态旅游在全省经济社会发展中的地位越来越重要，并已成为贵州旅游业的一大亮点。近年来，贵州省不断加大生态旅游宣传力度，绿色旅游产业得到较快发展，初步形成了生态旅游与乡村旅游、文化旅游等相融合的发展新格局。

（4）绿色能源产业。贵州省拥有丰富的水力、光伏、风力等可再生能源资源，是国内重要的绿色能源基地之一。目前，贵州省的绿色能源产业已经初步形成，主要包括水力发电、光伏发电、风力发电等。其中，贵州水电集团、贵州能源集团等企业在绿色能源领域具有一定的影响力。

贵州省是我国西南地区的一个省份，也是我国著名的绿色产业基地之一。贵州省自然环境优美，传统农业发达，近年来贵州省积极发展以茶叶、生态农业、生态旅游、特色种植等为主的绿色产业，并取得了良好的经济效益。2019 年，贵州省的生态产业总产值达到了 920 亿元人民币，在全国范围内排名第二。贵州作为中国绿色生态之都，具有得天独厚的绿色资源优势，在绿色产业的发展中具有很大的空间和潜力。目前，贵州已经形成了以生态农业、生态旅游、节能环保、新能源等领域为主的绿色产业体系。贵州的绿色产业逐步向绿色制造、绿色建筑、绿色交通等领域延伸，这些领域的发展有望成为贵州绿色产业发展的新引擎。贵州工业的绿色发展,从 2011 年以来全省的经济增长速度已经 9 年半位居全国前列,其中工业发展,一直强劲有力地提供着重要的支撑,正是因为贵州强有力地推进了工业的绿色发展,才使全省的工业不仅势头强劲,而且能可持续发展。按照产业生态化要求,贵州在推动制造业绿色高质量发展背后的思想理论依据是产业生态化,产业生态化就是我们产业发展要按照绿色发展的要求来做;产业生态化,就是依据良好的生态资源,把生态优势转化为产业发展,当然其中很重要的就是工业,即推动工业绿色发展和高质量发展。工业绿色发展和高质量发展有深刻的思想理论铺垫,即守好两条底线,一要推进高质量发展,二要走绿色化发展的道路。高质量发展在国际国内竞争当中才有竞争力,也只有绿色发展,才能够实现可持续的发展。因此,首先要加强产业的协同对接以及产销合作,促进产业上游、下游企业的协同发展,以国家大数据综合实验区为契机,以双千工程万企融合为抓手,利用信息技术改造提升传统制造业,全力培育新兴产业,加快新旧动能的转换步伐。全力营造良好的发展环境。重点发展优质绿色产业、生态特色食品产业、健康医药产业,通过产业扶贫、就业扶贫助力贵州工业发展绿色崛起,抓住国家推进国际国内经济双循环机遇,充分利用国内国际两个大市场、两方面的资源,积极参与到国内经济大循环当中。加强科技革命和产业变革的机遇,依靠大数据,还有相关的新兴产业,以及传统优势产业的融合发展,来不断培植绿色产业的后发优势。贵州革命老区坚持以高质量发展揽全局,加快推进绿色新型工业化建设。贵州壮大绿色优势产业为新一年开发起航,在贵安新区投资 30 亿元绿色算力基础设施项目专用网络设备进入联调联试阶段。贵州算力,这个绿色化数字经济,实施数字设施大提升行动,推动工业企业数字化、网络化、智能化和绿色化转型。同时,加快发展面向产业的城市算力和行业算力,打造一批影视特效产业互联网科学计算,大力推动大数据电子信息产业,加快打造数据中心、智能终端、数据应用集群,力争全年数字经济占 GDP 的 40% 以上。

贵州绿色农业现代化步伐也不断加快,将聚焦 12 个农业绿色特色优势产业,推动品种培优、品质提升、品牌打造,助力绿色农业产业提质增效,在现代农业育苗大县龙江县当地建起直播中心电商、公共服务、仓储物流等配套的新媒体电商产业园,让种苗在大棚里就能上网络,出了大棚就上高速,建立绿色农业产销体系,为全面推进乡村振兴注入活力。2023年,贵州大力实施绿色特色优势产业集中行动,加快推进规模化重点标准化生产,千方百计促进绿色产业振兴。贵州将乡村产业绿色化和工业产业科技化相结合,打造传统优势产业和特色产业集群,发挥示范引领作用,从而加快推进贵州农业产业发展和绿色经济增长。贵州是全国唯一没有平原支撑的省份,寻找贵州山地特色高效农业发展新路,应该充分利用和发挥好绿色优质农产品的三大优势。一是立体气候优势。利用不同气候优势,针对反季节蔬菜市场,开发错季蔬菜多类型,分市场供应。蔬菜是贵州的特色和优势,具有发展前景和竞争力。贵州已被农业农村部划定为全国的农村蔬菜优势区域和夏秋蔬菜优势区域;二是生态环境优势。贵州森林覆盖率高,降水充沛,"三废"污染少,病虫害相对轻,农药使用量比较少,好山、好水、好空气,有利于发展干净优质蔬菜。全省的蔬菜质量安全抽检合格率99%,贵州是全国最适宜发展绿色和有机农产品的地区之一;三是种植资源的优势。由于贵州地形差异大,气候类型多样,贵州区域特色蔬菜和野生蔬菜等资源非常丰富,可以产业化开发特色蔬菜和野生蔬菜资源。贵州以绿色为底色,以市场化为导向,突出山地特色高效,围绕规模化、标准化、数字化、机械化和品牌化"五化"发展,构建种子种苗生态化技术。商品化处理、市场流通,培育农技推广科研新型经营主体、社会化服务、产业农民队伍,重点做好结构优化的调整工作,在种子种苗、生态栽培等方面破难题,求突破。贵州绿色优质农产品的硬核竞争力,要在产后处理上下功夫,在质量效益上求提升,在农业产业上做大。

二、贵州革命老区绿色转型与绿色产业发展案例

(一)毕节市

30多年来,毕节紧紧围绕扶贫、生态建设、人口控制三大主题,坚决肩负起脱贫攻坚的重大责任。夏日里的大方县小屯乡华石村,万亩森林郁郁葱葱,良好的生态环境成为了群众脱贫致富的绿色银行。一块石碑讲述着这里曾因过度开垦而遭遇的灾害和人们退耕还林、与自然和谐共生的决心。2001年以来,全村退耕还林9387亩,现在森林覆盖率达76.3%。通过发展林下养鸡、种植天麻、种植冬升这些产业,2017年全村

人均收入达到6896元。大方县星宿乡崇山村是省级深度贫困村,如今村里的蔬菜种植已经成为特色产业,水电路讯设施样样齐全,村民人均收入从不足2000元增加到5600多元。蔬菜辣椒达到1000亩,茶叶达到1200亩,产值接近500万元。

(二) 遵义市

遵义典型绿色产业是茶产业。遵义现有茶园主要分布在东部与北部六个交界县处,即湄潭县、凤冈县、正安县、道真县、务川县、余庆县。遵义万亩以上的乡镇54个,村32个。国营湄潭茶厂拥有茶园近万亩,是单一面积最大的茶叶生产企业,种植茶园15亩以上的家庭农场13556个,产业覆盖26.89万户,茶农超过100万户。其高海拔、低纬度、多云雾、少日照、无污染的自然地理环境,孕育了遵义茶的醇厚的品质特点。近年来,遵义市湄潭县立足资源禀赋,充分发挥茶产业比较优势,发挥生态优势,在茶园提质增效、质量保障等方面开展了大量工作。一是茶园管理生态化,以实现无公害茶园面积全覆盖;二是茶叶加工标准化。近年来,湄潭县通过统一化、标准化、规范化的茶叶生产产业链的管理,为湄潭茶走出海外铺垫了坚实基础。

(三) 铜仁市

桃园铜仁,绿色崛起。铜仁地处历史悠久、享有黔东明珠美誉的武陵山脉腹地。这里居住着汉族、苗族、侗族等29个民族,民族风情浓郁迷人,人文景观绚丽多彩,自然风光神奇秀丽。绿色是铜仁最鲜亮的底色,推窗能闻鸟语花香,出门可见绿树成荫,良好的生态环境赋予了这片土地无尽的魅力。为让天更蓝、水更清、山更绿,近年来,铜仁市以创建国家森林城市为契机,大力实施绿城、绿水建设。营造村绿、园绿、道绿,全域绿化行动筑牢生态屏障。森林走进城市,城市拥抱森林,一座更加宜居的山水园林城市展现在世人面前。悠悠锦江奔流不息,磅礴乌江千古流淌,河面碧波荡漾,两岸绿树回清倒影,如诗如画。宁静淡雅的村寨镶嵌在青山绿水间,环境优美,空气清新,让人赏心悦目。一排排树木,一片片绿地,一簇簇鲜花。行驶在路上,蓝天、高山、森林、河流尽收眼底,阳光、清风、绿意、花香扑面而来,美不胜收。铜仁绿色发展主旋

第二章 滇黔桂革命老区绿色产业发展概况

律越唱越响。

近年来,铜仁市江口县以绿为底,融入特色文化,以发展林下经济为重点,打造了一批精品民宿,走出了一条特色鲜明、盘活山水资源的两山之路。铜仁民宿改造以后,推窗围景的山居坐落而成。近年来,江口县依托生态旅游优势,打造出一批精品特色民宿。2021年,特色民宿经营收益达4600万元,通过发展林药、林旅、林特、林荣四个产业,江口县正从绿色林地变为金色宝地。同时,铜仁市还规划建设了全长近70公里的乡村振兴产业带,连接着铜仁中南门历史文化旅游区与梵净山风景区,建设三产高度融合的乡村旅游发展样板。启动编制《梵净山文化旅游创新区概念性规划》,推动旅游产业深度融合发展,丰富乡村振兴产业带业态。5年来,铜仁市在新型城镇化、农业现代化、旅游产业化等方面统筹推进绿色发展,地区生产总值年均增长8.4%,绿色经济在地区生产总值中的比重达到了45%。铜仁将实施绿色产业高质量发展新篇章。

云南、贵州、广西近年来都开展了大力发展绿色产业的计划。这些绿色产业的发展不仅对当地经济的发展起到了积极的作用,同时也为全国的生态文明建设做出了重要贡献。云、桂、贵三省的绿色产业发展给当地经济发展带来了正向影响。绿色产业的发展促进了当地的农业、制造业、服务业等行业的发展,同时也为当地提供了大量的就业机会,缓解了当地的就业压力。例如,云南省的生态旅游业为当地带来了巨大的财富,同时也带动了餐饮、商贸等行业的发展。贵州省的绿色农业和绿色旅游业也为当地带来了可观的经济效益。

云南、贵州、广西的绿色产业不仅促进了各自地区的经济发展,同时也推动了三省(区)区域经济协同发展。三地的绿色产业有着很多相同的特点和优势,有很强的互补性和协同性。这些特点和优势为三地间加强经济合作、资源共享、市场拓展提供了契机。例如,桂林市与云南省的丽江市是一对友好城市,两地在旅游、商贸、文化等领域有着广泛的合作,互惠互利,共同发展。

绿色产业的发展对于促进区域生态环境的改善有着非常重要的意义。三省(区)的绿色产业以生态农业、生态旅游、生物医药、新能源等为主,这些产业对于区域生态环境的保护、修复、改善具有很好的作用。例如,云南省的森林旅游产业可以有效地保护森林资源和野生动物资源,防止非法采伐和滥捕;贵州省的茶叶产业和特色种植产业可以减少农药、化肥的使用,降低农业污染,保护土壤、水源等资源。

　　虽然云、桂、贵三省的绿色产业已经初步形成了一个比较完整的体系,但是在实际发展过程中仍然存在一些问题:一是绿色产业发展水平不够高。虽然云、桂、贵三省的绿色产业已经取得了一些成果,但是与国际先进水平相比,还存在不小的差距。绿色产业在技术、设备、管理等方面的水平都需要进一步提高,提高产品和服务的质量和竞争力,增强市场占有率和稳定性。二是绿色产业规模不够大。三省(区)的绿色产业规模相对较小,不足以支撑当地经济的快速发展。绿色产业的规模需要进一步扩大,提高单个企业和项目的产值,增加就业机会,促进当地经济的发展。三是绿色产业与传统产业发展不够协调。三省(区)的绿色产业与传统产业仍存在一定的脱节现象,缺乏协调发展。传统产业的发展对于绿色产业的发展同样具有重要的作用,需要进一步加强融合发展,实现绿色产业和传统产业的优势互补。因此,滇、黔、桂在绿色产业发展上要加强技术研发和管理创新,提高产品和服务的质量和竞争力;同时要加强管理创新,提高产业的运转效率和市场占有率。为了促进绿色产业的规模化发展,需要建立专业的绿色产业基地和园区,提供优质的基础设施和服务,为企业的投资和发展提供便利。

第三章 滇黔桂革命老区绿色产业协同发展指标构建及其评价

第一节 绿色产业发展评价指标体系构建

绿色产业发展评价指标是开展绿色产业研究不可缺少的内容。衡量绿色产业发展状况既要进行理论分析,通过文献梳理和地方政府有关绿色产业发展的政策措施进行理论分析,更要对绿色产业发展状况进行量化分析。哲学基本原理告诉我们,量是认识事物的起点,质是认识事物的深化。因此,我们对绿色产业进行深入分析,必须要对绿色产业发展状况进行量化分析,而对绿色产业发展的量化分析显然要借助绿色产业发展的相关指标来进行。因此,绿色产业相关指标的设计就显得特别重要。那么如何来设计绿色产业发展的相关指标,现有研究者对此做了许多探索。现有文献指出要全面衡量绿色产业发展状况,绿色产业的指标设计必须考虑绿色产业再生产过程,而再生产过程的每个方面都涉及较多的指标,只有这样绿色产业发展的指标才比较完全。绿色产业社会再生产过程包括生产、流通和消费,因而,绿色产业指标设计包括绿色生产、绿色流通和绿色消费,其中绿色流通指标比较复杂,加上指标的数据比较难以获取,因此,本书暂且不考虑。另外根据绿色产业发展带来一个重要的利好就是环境的改善,因此绿色产业指标的设计便必然考虑绿色环境。综上所述,本书的绿色产业发展水平的准目标层指标由绿色生产、绿色消费和绿色环境构成。绿色产业的三级指标根据现有文献的梳理分别用众多的指标来衡量。通过这些指标可以综合评价绿色产业发展水平。根据前面章节内容的分析，绿色产业显著特征是资源消耗较少，产业的科技含量较高，生态环境改善等，绿色产业具有的绿色生产、绿色消费也会随着绿色产业结构调整和升级而向更高的水平发展。[1]对于绿色产业三级指标的构建是基于我国经济发展"双循环"新格局，以及绿色可持续低碳经济主基调的新形势下来设计的，研究构建绿色产业发展水平三级指标体系，一是要把握绿色产业发展水平及动向，二是要考虑指标设计的可行性原则，这样才能为促进绿色产业发展成为经济新增长点提供理论依据和决策参考。

根据现有文献梳理，对绿色产业指标体系的设计主要分为以下几类：第一类是联合国环境计划署（UNEP）权威机构（组织）构建的指标体系，该指标体系的构建包含经济绿色发展与城市综合环境评价两个体系[24]，这两个指标体系特点是侧重于国家层面的绿色产业指标体系，学界普遍认为具有很强权威性，但对于省、市等层面的分析很多学者认为不是很适合。第二类指标的设计是绿色产业研究相关的学者提出的指标体系，这一指标比较适合对地方性绿色产业发展水平的评价。如基于绿色产业发展特征，尹艳冰提出的根据绿色产业资源综合利用、绿色产业发展水平和发展潜力、绿色产业要求污染控制，以及绿色产业发展带来的社会效益等方面的内容来构建的绿色产业发展评价体系。[25]第三类，有研究者根据绿色产业再生产的绿色生产、绿色消费和绿色产业带来环境友好等三大维度指标，来构建绿色产业发展的评价指标体系。[26]本书考虑到数据的可获得性以及历年数据的连续性，基于指标体系构建的全面性、代表性、可比性和可操作性等基本原则，借鉴杜永强[27]、周颖[28]以及石宝峰等[29]构建的绿色产业发展评价指标体系，从绿色生产、绿色消费和绿色环境三个层面选取代表性指标，来构建绿色产业发展评价指标体系，如表3.1所示。

表3.1 绿色产业发展水平评价指标体系

目标层	系统层	指标层	单位	指标属性
绿色产业发展水平	绿色生产	万元国内生产总值电力消费量	万千瓦时/万元	—
		万元国内生产总值煤炭消费量	吨/万元	—
		万元国内生产总值工业水耗	立方米/万元	—

第三章 滇黔桂革命老区绿色产业协同发展指标构建及其评价

续表

目标层	系统层	指标层	单位	指标属性
绿色产业发展水平	绿色生产	万元地区生产总值废水排放量	立方米/万元	—
		工业用水重复利用率	%	+
		一般工业固体废物重复利用率	%	+
		第三产业及第一产业中农林牧渔服务业产值占GDP的比重	%	+
		单位土地生产总值	亿元/平方米	+
		环境保护支出占财政支出的比重	%	+
		工业污染治理完成投资占财政支出的比重	%	+
		高技术产业新增固定资产	亿元	+
		每万人国内专利申请授权量	项/万人	+
		技术市场单个合同成交额	万元/个	+
	绿色消费	城市污水处理率	%	+
		生活垃圾无害化处理率	%	+
		每万人拥有公共交通车辆	标台/万人	+
		农用地节水灌溉比重	%	+
		农用地单位面积化肥使用量	吨/万公顷	—
		农用地单位面积农药使用量	吨/万公顷	—
		城市燃气普及率	%	+
	绿色环境	森林覆盖率	%	+
		湿地面积(千公顷)占辖区面积比重	%	+
		人工造林面积(千公顷)占辖区面积比重	%	+
		自然保护区面积(万公顷)占辖区面积比重	%	+
		化学需氧量排放量	万吨	—
		每万人民用汽车拥有量	辆/万人	—

第二节　广西革命老区绿色产业协同发展指标及其评价

一、广西革命老区绿色产业协同发展指标

广西数据来源于中经数据、科技厅和水利厅、国家统计局、百度、广西政府网。

（一）广西革命老区绿色产业发展的生产指标

广西生产总值电力消费量：在2012—2021年分别为1172亿千瓦时、1219亿千瓦时、1310亿千瓦时、1319亿千瓦时、1346亿千瓦时、1401亿千瓦时、1752亿千瓦时、1907亿千瓦时、2029亿千瓦时、2238亿千瓦时。

广西生产总值煤炭消费量：在2012—2021年分别为7264万吨、7344.11万吨、6796.51万吨、6046.71万吨、6517.77万吨、6613万吨、7339万吨、8021万吨、8385万吨、8621万吨。

广西生产工业水耗：在2012—2021年分别为51.5亿立方米、57.4亿立方米、56.8亿立方米、55.5亿立方米、49.8亿立方米、46.0亿立方米、47.6亿立方米、49.0亿立方米、34.7亿立方米、36.5亿立方米。

广西生产总值废水排放量：在2012—2021年分别为245577.8万吨、225302.7万吨、219304.1万吨、220066.3万吨、193186.3万吨、198143.8万吨、196947.6万吨、187582.56万吨、17452.53万吨、12687.3万吨。

广西工业用水量重复利用率：在2012—2021年分别为73.73%、78.95%、81.45%、86.10%、87.52%、88.76%、88.83%、49%、34.70%、36.50%。

广西一般工业废物综合利用率：在2012—2021年分别为67.4%、70.6%、62.9%、63.1%、64.6%、56.7%、54.8%、25%、28%、36%。

广西第三产业及第一产业中林牧渔服务业产值在GDP中的占比：在2012—2021年分别为42%、43%、45%、45%、46%、45%、44.2%、

17.8%、9.90%、13.7%。

广西环境保护支出在财政支出的占比：在2012—2021年分别为3.65%、3.56%、3.72%、4.56%、4.78%、4.83%、4.99%、9.984%、10.74%、8.35%。

广西工业污染治理完成投资在财政支出的占比：在2012—2021年分别为0.29%、0.57%、0.51%、0.61%、0.29%、0.15%、0.11%、0.13%、0.14%、0.114%。

广西专利申请授权量（项/万人）：在2012—2021年分别为0.2527、0.5237、0.8374、1.0265、1.4852、1.5263、2.05、4.19、5.17、5.59。

广西技术市场单个合同成交额：在2012—2021年分别为54.37个/万元、212.2个/万元、210个/万元、133.24个/万元、183.3个/万元、193.5个/万元、285.9个/万元、177.59个/万元、191.67个/万元、294.58个/万元。

广西城市污水处理率：在2012—2021年分别为85.06%、75.00%、83.50%、85.00%、90.5%、93.60%、94.60%、88.64%、96.70%、87.35%。

广西生活垃圾无害化处理率：在2012—2021年分别为98%、96.4%、95.40%、98.70%、99.00%、99.90%、98.8%、99.7%、98.6%、98.5%。

广西每万人拥有公共交通车辆：在2012—2021年分别为9.18标台/万人、9.42标台/万人、9.19标台/万人、9.1标台/万人、9.77标台/万人、10.74标台/万人、10.79标台/万人、10.53标台/万人、10.27标台/万人、14.32标台/万人。

（二）广西革命老区绿色产业发展的消费指标

广西农用地节水灌溉比例：在2012—2021年分别为29.00%、31.00%、38.00%、40.00%、53.5%、62.00%、68.00%、33.13%、48.76%、51.63%。

广西农用地单位面积化肥使用量：在2012—2021年分别为127.8吨/万公顷、105.2吨/万公顷、108.6吨/万公顷、110.45吨/万公顷、85.6吨/万公顷、84.9吨/万公顷、35.82吨/万公顷、52.04吨/万公顷、47.85吨/万公顷、51.89吨/万公顷。

广西农用地单位面积农药使用量：在2012—2021年分别为6.78

吨/万公顷、6.9吨/万公顷、7.2吨/万公顷、7.49吨/万公顷、6.95吨/万公顷、7.25吨/万公顷、6.97吨/万公顷、6.81吨/万公顷、7.02吨/万公顷、8吨/万公顷。

广西城市燃气普及率：在2012—2021年分别为93.26%、93.58%、92.99%、94.46%、95.85%、97.80%、98.15%、98.84%、99.68%、99.81%。

（三）广西革命老区绿色产业发展的环境指标

广西森林覆盖率：在2012—2021年分别为56.50%、56.50%、60.20%、60.20%、60.20%、60.20%、60.20%、60.20%、60.20%、60.20%。

广西湿地面积在辖区面积中的占比：在2012—2021年分别为2.76%、2.76%、2.76%、2.76%、2.76%、2.76%、3.18%、3.18%、3.18%、3.18%。

广西人工造林面积在辖区面积中的占比：在2012—2021年分别为0.52%、0.56%、0.51%、0.43%、0.35%、0.23%、0.20%、0.354%、0.42%、0.56%。

二、广西革命老区绿色产业发展指标评价

（一）绿色生产

2012—2022年广西壮族自治区发电量有所波动，总体呈现上升趋势；2012—2022年广西壮族自治区电力消费量（实物量）逐年递增；2020—2021年之间增幅最大，从2020年的2029亿千瓦时增至2021年的2238亿千瓦时；2012—2022年广西壮族自治区电力消费总量（实物量）达到16099.3亿千瓦时。在2012—2022年间，广西能源消费碳排放量不断增加，从2012年的7264万吨增长到2019年的8021.91万吨，增长了11.07%，总产值煤炭消费量55944.11万吨。2018年上半年，广西全区规模以上工业用水5.2亿立方米，同比增长0.6%，增长速度较低，同时工业生产稳定，循环用水保持较高水平并有所提高，2012—2022年广西生产总工业水耗435亿立方米。2020年，全区废水排放总量265238.45万吨，其中，工业源废水30559.32万吨，生活源废水234480.31万吨,集中式治理设施废水198.83万吨。废水中化学需氧量排放总量1030352.38吨,其中,工业源化学需氧量15679.48吨。2012—2022年广西生产总值废水排放量为1529510.91万吨。2018年上半年,广西全区规模以上工业用水5.2亿立方米,同比增长0.6%,增长速度较低,同时工业生产稳定,循环用水保持较高水平并有所提高,重复用水率达到91.1%,规模以上工业单位增加值用水量同比下降2.4%,工业节水趋势向好。2012—2022年广西工业用水量重复利用率为88.9109亿立方米/万元。一般工业固体废弃物产量有所下降,尤其是在2018—2019年数据显示明显,2012—2022年一般工业废物综合利用率总值为4.9345%。全区农林牧渔业增加值2993.22亿元,按可比价格计算,比上年增长4.3%,其中,种植业增加值1752.48亿元,比上年增长5.3%;林业增加值258.35亿元,增长4.7%;牧业增加值557.49亿元,增长1.3%;渔业增加值338.54亿元,增长4.1%;农林牧渔服务业增加值86.35亿元,增长9.8%。粮食总产量1467.7万吨,比上年减少53.6万吨,下降3.5%。广西第三产业及第一产业中农林牧渔服务业产值在GDP中的占比2.624%。

从广西经济运行情况新闻发布会上获悉,2021年全区生产总值(GDP)24740.86亿元,三次产业增加值分别为,第一产业增加值4015.51亿元,第二产业增加值8187.90亿元,第三产业增加值12537.45亿元,三大产业且分别比上年增长8.2%、6.7%、7.7%。总的来看,2021年广西全区经济运行总体稳定,基本实现预期目标。2012—2022年广西单位土地生产总值64694.87亿元/平方米。广西各级财政支持污染防治攻坚战(生态环境保护与治理)一般公共预算资金投入825.04亿元,其中2020年1—10月投入(调整预算数)183.12亿元,比2016年投入(决算数)160.71亿元,增加22.41亿元,增长13.94%,有力保障了污染防治、污染减排、环境监测与监察、自然生态保护、天然林保护等各项污染防治攻坚战和生态文明建设支出需要。2020年全区各级财政部门为了保护蓝天碧水净土等绿色自然环境,积极筹措支持污染防治攻坚战资金183.12亿元,促进生态环境质量的改善和生态文明建设工作持续稳步推进。2012—2022年广西工业污染治理完成投资在财政支出的占比为0.8908%。广西固定资产投资(不含农户)比上年增长7.6%,平均增长5.9%。固定资产在第一产业、第二产业和第三产业比上年的增长分别为13.7%、26.0%、2.0%。其中工业投资增长和基础设施投资增长分别为27.5%、15.6%；交通运输业投资增长34.3%；房地产开发投资下降2.9%，全区商品房销售面积下降8.2%；民间投资增长8.0%；高技术产业投资增长21.2%，其中高技术制造业投资增长57.9%。2012—2022年广西高技术产业新增固定资产17436亿元。广西自2012年起至2022年，发明专利申请量快速上升，之后逐步回落至2019年底，2020年开始又有所回升，这与广西自2011年开始开展全民发明创造活动、专利倍增计划相吻合。2012—2022年广西国内专利申请授权总量为22.5938项/万人。2021年，全区高新区工业总产值同比增长6.68%；高新技术企业工业总产值同比增长19.61%；科技成果转化累计1300多项；国家级高层次创新人才数量达93人。全社会研究与试验发展经费投入强度由2020年0.78%提升到2021年0.82%（预测值），2021—2022年广西技术市场单个合同成交总额占2172.32个/万元。蓝天保卫战协同发力。全区农村卫生厕所普及率达到95%以上，厕所粪污基本得到有效处理；农村生活污水乱倒乱排得到管控，全区农村生活污水治理率力争达到20%；农村生活垃圾无害化处理水平明显提升，有条件的村庄实现生活垃圾分类、源头减量；村庄绿化覆盖率超过40%，农村人居环境治理水平显著提升，广西城市污水处理率为97.08%。

  在城镇生活垃圾无害化处理体系不断完善的同时，广西城市环卫保洁水平也在不断提高。目前，全区设区市城市道路机械化清扫率总体达到68%以上，工作效率、保洁质量明显提高，直至2022年广西生活垃圾无害化处理率达到98.74%。2021年广西壮族自治区民用汽车拥有量为831万辆，较2020年增加了80.7万辆，同比增长10.8%。其中私人汽车拥有量为764万辆，占比91.9%，同比增长11.2%。民用新注册汽车拥有量为691842辆，同比增长3.6%。2012—2022年广西每万人拥有公共交通车辆103.29标台/万人。绿色是新时代壮美广西的靓丽底色，促进人与自然和谐共生是谱写中国式现代化广西篇章的内在要求。广西将坚持以党的二十大精神为指引，深入学习贯彻习近平生态文明思想，努力在推动绿色发展上实现更大进展，奋力谱写人与自然和谐共生的现代化广西篇章，让美丽壮乡成为世人向往的"诗和远方"。

第三章　滇黔桂革命老区绿色产业协同发展指标构建及其评价

（二）绿色消费分析（2012—2021年）

人类社会生产力的高度发展与自然环境的严重对立促使绿色消费的兴起，绿色消费倡导的是节能、环保、健康和可持续的消费。自然环境的破坏，很大程度上是由人类不当的消费模式造成的，由于人类对资源过度的消费，造成了资源的匮乏甚至枯竭，破坏了生态平衡。与此同时，过度消费产生的废弃物严重污染了环境，加速了生态系统的退化。广西2012—2021年的绿色消费中，农用地单位面积化肥使用量（吨/万公顷）由2012年的127.8吨/万公顷增至2021年的251.89吨/万公顷，中间虽然有下降，但随着生产的发展，化肥使用量增加。

广西农用地单位面积农药使用量（吨/万公顷）由2012年的6.78吨/万公顷增至2012年的8吨/万公顷。中间偶尔有变化，但总体维持在6—8之间，农药使用量稳定。广西城市燃气普及率由2012年的93.26%提升至2021年的99.81%，燃气普及率大大提高，人们的生活更加方便。广西森林覆盖率由2012年的56.5%提升至2021年的60.2%，人们逐渐意识到森林覆盖的重要性，通过植树的方法，提高森林覆盖率。因此，消费模式是生态文明建设中必须关注的重要内容。目前，西方发达国家的消费者对绿色产品的心理偏好普遍高于发展中国家。由于人口众多，资源相对短缺，我国大力发展绿色消费势在必行。绿色消费有利于弘扬消费文明，保护生态环境；有利于经济增长方式的转变和可持续发展；有利于人与自然和谐发展。

（三）绿色环境分析（2012—2021年）

中国是世界范围内城市化进程最快的一个发展中国家，其中伴随着过度消耗资源、加速环境污染、严重破坏生态等严峻的环境问题，加强城市生态环境保护是必然选择。湿地是指不论其为天然或人工、长久或暂时之沼泽地、泥炭地或水域地带，包括低潮时不超过6米的水域。湿地主要有调节洪水、净化水质、提供水资源、提供丰富的水生动植物产物、提供矿物资源、观光与旅游、教育科研价值等功能。广西湿地面积在辖区面积中的占比由2012年的2.76%上升至2022年的3.18%。广西重视湿地的作用，重视保护湿地。化学需氧量（COD）排放量是工业废水中COD排放量与生活污水中COD排放量之和。一般利用化学氧化剂将废水中可氧化的物质氧化分解,然后根据残留的氧化剂的量计算出氧的消耗量,来表示废水中有机物的含量,反映水体有机物污染程度。COD值越高,表示水中有机污染物污染越重。广西化学需氧量排放量由2012年的78.3吨到2021年的95.82吨,其间偶尔有下降,但总体呈上升趋势,随着工业的逐渐发展,水体有机物的污染程度逐渐增加。广西每万人民用汽车拥有量由2012年的231.03辆上升至2021年的831.12辆,人均汽车保有量上升,人民生活水平上升。

第三节　云南革命老区绿色产业发展指标及其评价

云南数据来源于中经数据、科技厅和水利厅、国家统计局、百度、云南政府网。

一、云南革命老区绿色产业发展指标

云南生产总值电力消费量:在2012—2021年分别为1315.9亿千瓦时、1459.8亿千瓦时、1529.38亿千瓦时、1438.61亿千瓦时、1410.52亿千瓦时、1538亿千瓦时、1679亿千瓦时、1812亿千瓦时、2025亿千瓦时、2139亿千瓦时,2022年为9193亿千瓦时。

云南生产总值工业水耗:在2012—2021年分别为144万吨、128万吨、117万吨、109万吨、102万吨、195万吨、178万吨、208万吨、165万吨、157万吨,2022年为235万吨。

云南生产总值废水排放量:在2012—2021年分别为161914.35万吨、118835.71万吨、117614.8万吨、114257.28万吨、132788.29万吨、129082.09万吨、122515.63万吨、94783.69万吨、118720.69万吨、112279.17万吨,2022年排放106764.15万吨。

云南工业用水量重复利用率:在2012—2021年分别为91%、85.5%、89.9%、88.6%、71.8%、85.4%、84.2%、91%、91%、94%,2022年为92%。

第三章 滇黔桂革命老区绿色产业协同发展指标构建及其评价

云南一般工业废物综合利用率：在 2012—2021 年分别为 28.74%、29.90%、31.91%、29.51%、30.85%、44.4%、32.55%、43.19%、56.00%、45.23%，2022 年为 46.95%。

云南第三产业及第一产业中林牧渔服务业产值 GDP：在 2012—2021 年分别为 10309.8 万元、11720.91 万元、12814.59 万元、13717.88 万元、14869.95 万元、16531.34 万元、17881.12 万元、19569.67 万元、14501.96 万元、15197.06 万元。

云南环境保护支出在财政支出的占比：在 2012—2021 年分别为 2.83%、2.59%、2%、2.84%、2.99%、3.14%、2.71%、4.89%、3.1%、6.31%，2022 年达 4.22%。

云南工业污染治理完成投资在财政支出的占比：在 2012—2021 年分别为 0.55%、0.58%、0.55%、0.46%、0.25%、0.10%、0.41%、11.9%、14%、7.15%，2022 年占比 6.33%。

云南高技术产业新增固定资产：在 2012—2021 年分别为 1620.86 万元、2068.32 万元、1451.98 万元、1995.58 万元、2593.1 万元、2812.4 万元、2090.4 万元、2168.6 万元、2185.3 万元、2307.6 万元，2022 年达 2359.6 万元。

云南专利申请授权量：在 2012—2021 年分别为 1.99 项/万人、2.48 项/万人、2.87 项/万人、3.77 项/万人、5.06 项/万人、7.78 项/万人、7.76 项/万人、2.23 项/万人、2.89 项/万人、4.12 项/万人，2022 年为 2.06 项/万人。

云南技术市场单个合同成交额：在 2012—2021 年分别为 203 万元、141 万元、174 万元、197 万元、223 万元、242 万元、242 万元、82.82 万元、50.1 万元、106.1 万元，2022 年成交额 70.67 万元。

云南城市污水处理率：在 2012—2021 年分别为 83.55%、84.66%、86.71%、87.19%、89.16%、90.58%、86.96%、99.8%、98%、92.00%，2022 年达 93.0%。

云南生活垃圾无害化处理率：在 2012—2021 年分别为 82.70%、87.60%、92.50%、90.0%、93.00%、92.70%、89.6%、99.80%、100%、92.0%，2022 年为 93.0%。

云南每万人拥有公共交通车辆：在 2012—2021 年分别为 10.25 标台/万人、11.61 标台/万人、12.36 标台/万人、12.62 标台/万人、13.17 标台/万人、13.6 标台/万人、12.97 标台/万人、12.97 标台/万人、12.9

标台/万人、10.28 标台/万人，2022 年为 12.50 标台/万人。

云南农用地单位面积农药使用量：在 2012—2021 年分别为 5.53 吨/万公顷、5.48 吨/万公顷、5.72 吨/万公顷、5.86 吨/万公顷、5.86 吨/万公顷、5.77 吨/万公顷、5.26 吨/万公顷、5.64 吨/万公顷、5.65 吨/万公顷、5.68 吨/万公顷，2022 年达 5.86 吨/万公顷。

云南农用地单位面积化肥使用量：在 2012—2021 年分别为 210.21 吨/万公顷、219.02 吨/万公顷、226.86 吨/万公顷、231.87 吨/万公顷、235.58 吨/万公顷、231.94 吨/万公顷、217.37 吨/万公顷、279.33 吨/万公顷、231.51 吨/万公顷、417.13 吨/万公顷，2022 年为 250.08 吨/万公顷。

云南城市燃气普及率：在 2012—2021 年分别为 66.46%、71.53%、76.18%、76.79%、78.78%、75.93%、77.31%、77.92%、78.65%、78.53%，2022 年为 87.70%。

云南森林覆盖率：在 2012—2021 年分别为 50%、50%、55%、55%、55%、55%、55%、55%、55%、55%。

云南化学需氧量排放量：在 2012—2021 年分别为 54.86%、54.72%、53.38%、51.03%、37.38%、59.59%、51.83%、11.06%、68.6%、69.43%，2022 年为 51.19%。

云南每万人民用汽车拥有量(辆)：在 2012—2021 年分别为 70.8、80.5、92.1、103.7、11.9、132.6、144、742.09、802.15、860.83，2022 年达 931.49。

二、云南革命老区绿色产业发展指标评价

(一)绿色生产

绿色生产含义为利用高新技术、考虑生态保护的新管理模式和能源高效利用等消费方式的统称，从而达到保护生态环境、提高生活质量的目的。该指标主要包括：生产总值电力消费量、生产总值煤炭消费量、生产总值工业水耗、生产总值废水排放量、工业用水重复利用率、工业固体废物综合利用率、第三产业第一产业占 GDP 的总值、单位土地生产总值、环境保护支出在财政的占比、工业污染治理完成投资在财政支出的占比、高技术产业新增固定资产、专利申请授权量、单个市场合同成

交额、城市污水处理率、生活垃圾无害化处理率、每万人拥有公共交通量,共16个具体指标。

电力消费量指标分析:2012—2022年云南省电力消费量逐年递增,总体呈现上升趋势,2012—2019年之间增幅较为平稳,2021年云南省电力消费量达到2139亿千瓦时。

工业用水重复利用率指标分析:工业用水重复利用率呈下降的趋势,重复利用率同时也反映了云南省水资源逐步劣化的趋势,处理后的水难以满足一些行业工业生产的要求,导致重复用水量减少。

环境保护支出在财政支出的占比指标分析:环境保护支出在财政支出的占比总体虽然呈上涨的趋势,但增长幅度并不大,2012—2016年期间,总体占比在2%左右。直到2017年,增长至3%。

污水处理率指标分析:多年来,政府高度重视污水处理工作,特别是"十二五"以来,政府密集出台多项环保政策,随着政府的重视,我国污水处理技术的进步,城市污水处理率逐年提高,2017年污水处理率突破90%。

生活垃圾无害化处理率指标分析:随着人们生态环境建设的意识不断增强,2020年云南省生活垃圾无害化处理率达到100%,全省初步形成了新增处理能力以焚烧为主、焚烧与填埋处理并重的垃圾处理发展格局。

(二)绿色消费

根据云南绿色产业指标体系中的绿色消费指标来看,云南的绿色消费水平相比广西和贵州低,绿色消费处于较低阶段,之所以如此,我们可以从云南的产业结构特点来分析。云南的产业发展主要依靠投资拉动,投资拉动主要带来第二产业的发展,而第三产业发展相比第二产业发展较慢,所以云南第三产业绿色消费处于发展较慢的阶段。通过对云南的绿色产业指标体系分析我们可以了解到以下数据,云南省2016年的绿色发展指数在全国比较靠前,位居全国第10位,尤其是资源利用指数和环境质量指数排名更靠前,居第7位和第5位,特别值得一提的是生态保护指数位居第2位,说明云南的生态保护做得非常突出。但是环境治理指数则排名靠后,位居第25位,增长质量指数居第25位,绿色生活指数居第28位,公众满意程度居第14位。相比资源利用指数和环境质量指数,云南环境治理指数、增长质量指数、绿色生活指数三项指标有待进一步提高,特别是绿色生活指数方面,云南与经济体量相当的重庆(第20位)、江西(第14位)、广西(第22位)相比都还有较大差距,与贵州(第26位)相比,也落后两位。绿色消费总体来说还有很大的提升空间。另外,通过对云南的绿色产业指标体系进一步分析,我们可以了解到生产和消费的数据反映出的特征有:从生产方面来看,生产的主体企业多以资源密集型企业为主,主要为其他企业提供资源型的产品。一般来说,资源企业处于供应链上游,产品比较单一,产品的科技含量相对来说比较低,其综合实力较弱,企业的竞争力相对也比较弱。总的来说,这种资源型企业,处于不利的市场竞争地位,由于资源供给型的企业这些不利因素导致受下游生产商的影响较大,这类企业的发展空间比较有限,由于这些企业存在的不足,便影响了企业绿色改造,增加了企业实施绿色生产的难度。由此也决定了区域资源供给型企业走向相对高端的绿色产品生产难度更大,影响了绿色产品供给能力。此外,总体来,说资源供给型的企业对绿色产品研发和市场开拓也受到影响,因为绿色产品和技术的研发都需大量的资金投入,而资源型产业的产品由于其附加值不高,导致现金流不够充足。再者,云南的资源供给企业多,企业还处于能源和原材料生产端,其产业链相比其他企业比较短,较短的产业链对绿色产品生产技术发展不利,影响了其在市场的话语权地位。最后,从绿色生产与绿色消费的衔接上来讲,云南的绿色消费观念、绿色产品消费尚未普遍建立,特别是定制化绿色产品的生产比较缺乏,绿色消费业态还未真正起步。绿色消费品的市场准入和认证体系处于不够成熟阶段,绿色流配送体系还不成熟。为绿色消费提供的绿色技术和绿色产品创新的支持体系有待健全和完善。因此,云南为了促进绿色产业的发展,包括绿色生产、绿色消费和绿色环境的发展,政府应进一步健全完善绿色产业创新生态环境、财税支持政策,增加政府对绿色研发经费投入,完善绿色产品和技术的知识产权保护、完善绿色创新绩效影响评价机制。政府应促进绿色产品市场发育,进一步做好连接绿色生产者与绿色消费者纽带的角色,因为一般来说政府是这个连接纽带的公共服务主体。政府在公共服务供给方面还有待提升,特别要加强绿色消费与绿色生产的贯通和双方利益联接,树立绿色理念,促进绿色消费与绿色生产的有效贯通。

(三)绿色环境

从绿色产业绿色环境指标数据来看,云南绿色环境总体表现优良,无论是空气质量,还是主要河流水质,如湖泊、水库水质等都保持良好的态势,说明云南的生态环境在全国来说处于很不错的地位。云南的自然生态环境之所以比较优越、生态系统之所以相对稳定,得益于云南的植被覆盖度较高和生物多样性丰富。云南除了自然生态环境保护得好,云南的环境空气质量总体也保持良好,空气质量和水质的良好有以下数据可以说明,总体上云南16个州(市)政府所在地城市年度环境空气质量符合标准。从优良天数来看,全省平均优良天数较2019年相比,其比例为98.8%,提高0.7个百分点,其中:香格里拉、丽江与昆明、楚雄优良天数均达到100%。水质优良的占86.4%,较2019年提高1.9个百分点;92.1%的断面水质达到水环境功能类别,全省主要河流水质保持稳定。全省46个州(市)级饮用水源地水质达到或优于地表水Ⅲ类标准,达标率为100%,相对2019年提高2.1个百分点。在182个县级城镇集中式饮用水水源地中,180个达到或优于Ⅲ类标准,占98.9%,达标情况与2019年持平。

第四节 贵州革命老区绿色产业发展指标及其评价

贵州数据来源于中经数据、科技厅和水利厅、国家统计局、百度、贵州政府网。

一、贵州革命老区绿色产业发展指标

贵州生产总值电力消费量:在2012—2021年分别为1046.7亿千瓦时、1126.3亿千瓦时、1173.74亿千瓦时、1174.21亿千瓦时、1241.78亿千瓦时、1482.12亿千瓦时、1482.12亿千瓦时、1541亿千瓦时、1586亿千瓦时、1743亿千瓦时,2022年为1664.5亿千瓦时。

贵州生产总值煤炭消费量：在2012—2021年分别为1.33万吨、1.36万吨、1.31万吨、1.28万吨、1.36万吨、1.34万吨、1.2万吨、1.22万吨、1.19万吨、1.27万吨，2022年为1.23万吨。

贵州生产工业水耗：在2012—2021年分别为39.7亿立方米、27亿立方米、27.7亿立方米、25.5亿立方米、25.7亿立方米、24.8亿立方米、25.2亿立方米、25.4亿立方米、18.7亿立方米、22.05亿立方米，2022年为20.38亿立方米。

贵州生产总值废水排放量：在2012—2018年分别为91.45万吨、92.165万吨、93.08万吨、110.912.万吨、112.581万吨、101.791万吨、118.017万吨。

贵州工业用水量重复利用率：在2012—2019年分别为39.7%、57%、91%、86.10%、87.52%、88.76%、89.7%、90.2%。

贵州一般工业废物综合利用率：在2012—2022年分别为65%、70%、75%、59.2%、58.1%、60%、66%、73%、70%、79.70%、67.10%。

贵州第三产业及第一产业中林牧渔服务业产值在GDP中的占比：在2012—2022年分别为32%、38%、42%、55.90%、59.10%、60%、55.70%、57.70%、50.90%、55.38%、59.30%。

贵州单位土地生产总值：在2012—2022年分别为6802.2亿元/平方米、8006.8亿元/平方米、9251.01亿元/平方米、10502.56亿元/平方米、11734.43亿元/平方米、13540.83亿元/平方米、14806.45亿元/平方米、16769.34亿元/平方米、17826.56亿元/平方米、19586.42亿元/平方米、19830.44亿元/平方米。

贵州环境保护支出在财政支出的占比：在2012—2021年分别为2.76%、3.15%、3.25%、4.21%、3.47%、2.68%、3.18%、2.87%、2.98%、2.93%。

高技术产业新增固定资产：在2012—2022年分别为814.9亿元、928.5亿元、1047.6亿元、2156.45亿元、3527亿元、3977亿元、4815.49亿元、4639.80亿元、4727.65亿元、5334亿元、5030.82亿元。

贵州专利申请授权量：在2012—2022年分别为1.1项/万人、1.7项/万人、2.2项/万人、1.4项/万人、2.5项/万人、3.4项/万人、2.4项/万人、3.1项/万人、1.2项/万人、3.9项/万人、1.6项/万人。

贵州技术市场单个合同成交额：在2012—2022年分别为9.67个/万元、18.4个/万元、20.04个/万、25.96个/万元、20.4个/万元、28.74

个/万元、17.01个/万元、22.71个/万元、55.6个/万元、28.92个/万元、30.8个/万元。

贵州城市污水处理率：在2012—2022年分别为124.80%、188.50%、141%、94.83%、95.20%、90%、95.20%、98.10%、98.58%、97.89%、90%。

贵州生活垃圾无害化处理率：在2012—2022年分别为92%、92%、93%、97.40%、90.50%、90%、91%、94.10%、95%、99%、90%。

贵州每万人拥有公共交通车辆：在2012—2022年分别为10.31标台/万人、11.4标台/万人、12.4标台/万人、12标台/万人、11.4标台/万人、15标台/万人、12.82标台/万人、10.96标台/万人、13.76标台/万人、12.36标台/万人、13.06标台/万人。

贵州农用地单位面积化肥使用量：在2012—2022年分别为98.17吨/万公顷、97.42吨/万公顷、101.29吨/万公顷、206.69吨/万公顷、207.35吨/万公顷、191.3吨/万公顷、178.96吨/万公顷、166.37吨/万公顷、157.57吨/万公顷、161.97吨/万公顷、159.77吨/万公顷。

农用地单位面积：2015年，贵州省农业播种面积为7.8亿亩。2016年，贵州省农业播种面积为7.9亿亩。2017年，贵州省农业播种面积为8.0亿亩。2018年，贵州省农业播种面积为8.1亿亩。2019年，贵州省农业播种面积为8.2亿亩。2020年，贵州省农业播种面积为8.3亿亩。从2015年至2020年，化肥使用量分别为206.69万吨、207.35万吨、191.3万吨、178.96万吨、166.37万吨、157.57万吨，使用量呈逐渐下降趋势。贵州实施大生态发展战略，对环境保护比以往任何时候更加重视。

贵州城市燃气普及率：在2012—2022年分别为5.26%、8.42%、10.62%、84.06%、85.66%、87.74%、87.25%、91.80%、94.55%、90.19%、92.09%。

贵州森林覆盖率：在2012—2022年分别为37.10%、37.10%、43.80%、43.80%、43.80%、43.80%、43.80%、43.80%、43.80%、43.80%、43.80%。

贵州湿地面积在辖区面积中的占比：在2012—2021年分别为0.34%、1.19%、1.19%、1.19%、1.19%、1.19%、1.19%、1.19%、1.19%、1.19%。

贵州人工造林面积在辖区面积中的占比：在2012—2022年分别

为 50%、50.5%、51%、50%、52%、50%、57%、53.91%、60%、62.12%、62.80%。

贵州自然保护区面积在辖区面积中的占比：在 2012 年达 5.40%，2013 年达 5.00%，2014 年达 5.4%，2015 年达 5.60%，2020 年达 11.31%，2021 年达 12.97%，2022 年达 12.97%。

贵州化学需氧量排放量：在 2012—2022 年分别为 33.3 万元、32.82 万元、32.67 万元、31.83 万元、12.02 万元、43.82 万元、12.21 万元、12.42 万元、116.78 万元、118.35 万元、117.56 万元。

贵州每万人民用汽车拥有量(辆)：在 2012—2022 年分别为 164.36、201、244.72、292.61、348.7、414.01、478.98、532.15、578.26、621.49、635.6。

二、贵州革命老区绿色产业发展指标评价

(一)绿色生产

自绿色生产理念建立起，我国学术界便针对绿色产业展开大量研究。在构建贵州省绿色产业发展指标基础上，评估了金融聚集影响绿色产业发展的作用机理，并分析了金融集聚通过何种影响渠道作用于绿色产业，以深入剖析金融体系与贵州绿色生产发展的关系，主要做了如下完善和拓展工作。

从贵州生产的总值电力消费量起持续深化电力体制改革，通过电力市场化交易，构建能源产业链共赢格局，2015—2019 年累计完成交易电量 2010 亿千瓦时，降低用户用电成本 190 亿元。2020—2021 年电力消费分别为 1586 亿千瓦小时/万元、1743 亿千瓦小时/万元，整体趋势是向上增长。积极探索绿色电网建设之路，全面推进资源保护和节能减排等工作。

第三章　滇黔桂革命老区绿色产业协同发展指标构建及其评价

（二）绿色消费

贵州总产值煤炭消费量从 2015—2017 年消费量是逐渐增加，从 1.28 万吨的标准煤到 1.36 万吨、1.34 万吨的标准煤。2015—2017 年的煤炭消费增长率呈上升趋势，2018—2019 年呈下降趋势，从 1.2 万吨减少到 1.19 万吨，2021 年又开始增长到 1.27 万吨。

贵州生产总值废水排放量，随着社会经济的加速发展，其废水排放量也在不断增加，使得环境质量大大降低，从而反作用于社会经济发展，影响社会经济的可持续发展。从 2015—2017 年贵州的废水排放量分别为 112.581 万吨、101.791 万吨、118.017 万吨，呈缓慢增长趋势。

贵州生产工业水耗从 2015—2019 年的工业用水都是平稳趋势消耗，分别为 25.5 亿立方米、25.7 亿立方米、24.8 亿立方米、25.2 亿立方米、25.4 亿立方米，到 2020 年快速下降到 18.7 亿立方米。

一般工业废物综合利用率，伴随着该省经济的发展，工业废弃物的产生量也大幅增加，然而该地区废弃物规范处理设施建设不足，资源化综合利用比例不高，制约了该地区的发展。为契合国家发展循环经济的宏观产业政策，贵州省将工业废弃物资源化利用及无害化处置项目作为省列重大项目进行建设。贵州将一般工业废物综合利用率平均利用率达到了 50% 以上。2015—2022 年的指标数值分别为 59.2%、58.1%、60%、66%、73%、70%、79.7%、67.1%，工业废物综合利用率都很高。

2023 年 1 月 9 日，贵阳贵安召开绿色经济发展工作新闻发布会，明确贵阳贵安将通过实施绿色消费需求引领行动、绿色消费供给优化行动、绿色流通推广行动、绿色消费激励行动、绿色消费规范行动五大专项行动，使绿色消费理念深入人心、绿色消费方式得到普遍推行，为推动贵阳贵安高质量发展和创造高品质生活提供重要支撑。

农用地单位面积：2015 年，贵州省农业播种面积为 7.8 亿亩；2016 年，贵州省农业播种面积为 7.9 亿亩；2017 年，贵州省农业播种面积为 8.0 亿亩。2018 年，贵州省农业播种面积为 8.1 亿亩；2019 年，贵州省农业播种面积为 8.2 亿亩；2020 年，贵州省农业播种面积为 8.3 亿亩。从 2015—2020 年，化肥使用量分别为 206.69 万吨、207.35 万吨、191.3 万吨、178.96 万吨、166.37 万吨、157.57 万吨，使用量呈逐渐下降趋势。贵州实施大生态发展战略，对环境保护比以往任何时候都更加重视。

城市燃气普及率：随着经济社会的快速发展带来了城镇化水平不断提高，人们必然要求燃气的清洁高效和环保低碳。另外，随着国家对能源结构调整，进一步促进经济社会的低碳发展。在国家倡导绿色发展的大背景下，燃气系统链接了城市地区性气源点到城市终端用户的全过程，进一步促进了绿色燃料的发展。因此，需要建立和完善城市基础设施绿色评价指标体系，以推动城市燃气市政基础设施向清洁低碳、安全可靠和节约高效的绿色发展之路迈进。贵州城市燃气普及率平均达到了87%以上，2015—2021年贵州燃气普及率分别为84.06%、85.66%、87.25%、91.80%、94.55%、90.19%。

（三）绿色环境

贵州素有"八山一水"之说，通过绿色环境指标数据可以看出，贵州湿地在辖区中的占比从2012年至2013年上升幅度较快，2013年至2021年湿地占比稳定于1.19%，无萎缩表现，所以一个城市对湿地的保护尤为重要，湿地能够降解污染，调节气候，通过蒸发保持当地的湿度和降雨量。国际湿地公约秘书长玛莎·罗杰斯·吴瑞格介绍说过：城市湿地对城市来说非常重要，让城市更加宜居。

贵州是中国唯一一个没有平原的省份，是全国山最多的省份，山多的地方每逢暴雨容易引发滑坡、泥石流等自然灾害。因此贵州2012—2022年累计造林面积5372万亩，从绿色环境指标数据看出，贵州人工造林在辖区中的占比表现为逐年上涨的趋势，植树造林不仅能美化家园，还能更好地保持水土，抵挡风沙，是天然的除尘器。

贵州的化学需氧排放量非常不稳定，从绿色环境指标数据看，2012—2015年是逐年递减的趋势，平均以0.49万吨的幅度下降，2015—2016年，化学需氧排放量出现跳崖式下降，下降趋势过快说明污染物大幅度减少，2016—2017年化学需氧排放量出现大幅度提高，从12.02万吨上升到43.82万吨，可以看出这一年污染相比于2018—2019年较为严重，2018—2019年化学需氧排放量趋于稳定，但是2019—2020年贵州的化学需氧排放量出现跳跃式上升，高达118.35万吨。

第四章 滇黔桂革命老区绿色产业结构与经济增长协同发展机制

本章内容主要是基于本书第三章绿色产业结构指标体系中的绿色生产结构相关的一级指标,来考察滇黔桂革命老区绿色产业结构及其变化与经济增长之间的关系。在当前经济"新常态"下,提高经济增长质量和经济结构转型升级是当前的主要任务,而不是盲目追求扩大经济产出。各个产业的资源节约对经济高质量发展显得越来越重要,要想实现经济可持续增长,绿色产业结构及其升级已成为经济增长的主要领域。绿色产业结构对经济增长具有深刻影响。绿色产业增强不仅可以促进经济增长,而且可以带动整个经济社会的持续健康发展。

基于绿色产业中的生产结构指标数据,利用 SPSS 作为计量分析工具软件,来度量滇黔桂绿色革命老区产业结构与经济增长的相关性和回归性。得出的结论是滇黔桂革命老区绿色产业结构与经济增长的相关性之间存在着高度相关性。随着经济增长加快,三大绿色产业结构发展也加快。绿色产业结构转型越快,经济增长就越快。通过对滇黔桂绿色产业结构与经济增长的回归分析,发现滇黔桂革命老区三大绿色产业结构与经济增长的回归模型的拟合度是 0.8 以上,调整后的模型拟合度也在 0.8 以上,说明滇黔桂革命老区三大绿色产业结构与经济增长之间具有较高的拟合度。滇黔桂革命老区三大绿色产业结构与经济增长之间观测值确定的回归方程的拟合效果较为理想。

第一节 产业结构概述

一、产业结构概念

研究者对产业结构的概念存在许多不同理解。产业结构从字面上可以理解为一个行业内公司之间的质和量的关系或行业之间的质和量的关系结构。在《产业结构的国际比较》一书中,J.S.贝恩认为产业结构是指一个行业内公司之间的关系。20世纪70年代初,产业结构的概念才被用来概括产业间关系的结构。著名经济学家威廉·配第首次分析发现世界各国人民之间存在巨大的收入水平差异,世界不同地区发生在各个经济发展历史阶段其产业结构模式上存在明显不同。随着各国经济社会要素专业化分工和格局变动的程度逐渐深化,三次产业门类要素间相对比例水平和相对高低差异变化亦随之日趋明显,著名经济学家阿·费希尔首先开创性地提出并研究探讨了三次产业关系,实际上这是一全新社会经济概念,他在后来所独著出版的经济专著《安全与进步的冲突》中,首先提出在世界经济史系统中的人类物质与生产的技术活动发展的历史的主要阶段和发展历程,主要包括以下三个基本历史阶段。第一是基本技术阶段,即主要是初级的农业和生产基本技术阶段。人类物质生产与科技活动的发展主要阶段表现在以发展初级的农业技术为主和以畜牧业为主的阶段。第二是以工业为主的阶段,该阶段开始于英国的工业革命和以汽车工业为主的大规模机械生产,机器的第一次大规模投入,以迅速的工业化发展和速度增加为主要经济标志的纺织、钢铁的冶炼生产,和其他一系列如金属制造业的快速崛起。第三是经济发展的阶段,此阶段开始于20世纪初的欧洲,大量的富裕地区的年轻劳动力和大量的资本开始逐渐流入旅游、娱乐购物及餐饮服务、文化艺术、保健、教育、政府采购等各种投资消费活动过程中。随后,著名经济学家柯林·克拉克教授在其《经济进步的诸条件》的书中进一步详细系统阐述了三次产业分法,该分法便开始逐渐在其他许多重要工业国家的经济数据和统计决策过程分析中逐渐被广泛采用。"三次产业"概念框架基

第四章　滇黔桂革命老区绿色产业结构与经济增长协同发展机制

本确立,人们深入研究当前产业结构理论模型,该理论迅速成为了几十年来发展工业经济学科应用的最主要学术分支之一。产业结构优化的经济学概念最早起源于抽象分析一个经济问题,但由于其实际含义往往并不被规范清楚和定义明确。随着近年来产业经济学研究内容的日益深入,这一学科概念逐渐变得明晰。产业结构研究主要考察一个国家或特定地区经济在全社会劳动再生产活动过程体系中构成的各种产业结构,即劳动力资源总量在经济社会各相关行业要素之间合理的动态分布和产业综合发展速度水平,即各关联行业要素的产出份额,以及各种产业结构之间紧密的物质技术流动和循环经济等联系,即这种方式下其中绝大部分的关联行业又是可以相互依存发展又相互制约关联着的。研究涉及领域近年来也越来越广泛和更深入。目前,经过对现有文献的梳理,我们归纳产业结构研究的主要内容涉及以下几方面:一是关于产业结构及其变化发展的研究,二是关于产业结构优化及其对经济发展影响的研究,三是针对产业结构与区域资源适应性的探讨,四是涉及区域产业结构政策的制定。总结研究者的成果,我们还发现多数研究者对产业结构变化的一般规律有很大的兴趣。其中最有代表性的学者包括克拉克、库兹涅茨、切纳里和塞尔金等,这些学者通过对不同国家的产业结构历史演变进行一系列研究,得到了不同国家产业结构的变化趋势和规律成果。这些成果都比较一致地指出产业结构的变化趋势表现为产业结构升级的趋势结论,即产业结构变化的规律为产业由较低结构转向较高结构的演化,根据产业三次划分理论,产业结构演化体现在第一产业向第二产业和第三产业演化,从产值占有额来说,产业结构演化表现为第一产业产值比第二产业产值低,第二产业产值相比第三产业低,或者说第三产业产值占据国民经济总产值比第一和第二产业占比国民经济总产值要高。

二、产业结构相关文献

产业结构升级的文献始于对产业经济的研究。20世纪初,国内产业结构优化升级及相关理论和政策的研究是在1995年以后,杨智教授在1985年出版的一本书中介绍了国内学者对产业经济结构理论的研究;刘伟和李绍荣指出,中国必须提高第一和第二产业的效率,以保持长期稳定的经济增长[30];郭金龙等利用回归模型分析得出产业结构的变化是影响经济增长的重要因素,得出的结论是结构的变化对提高生产率具有重大影响。[31]结构优化有利于抑制经济波动,保持经济稳定增长;张紫璇在考察产业结构现代化对中国经济增长和质量的影响时,得出产业结构更新是经济增长过程中的必要条件,[32]产业结构与经济增长之间存在相关性;张雅晴认为产业结构的变化不仅促进经济增长,也证明了经济增长、产业结构水平和城市化程度之间的相关性。[33]产业结构的增值和城市化程度是促进经济增长的重要驱动力,两者之间存在因果关系。然而,也有人指出产业结构的变化只能单方面导致就业结构的变化。利用C-D生产函数,讨论了产业结构变化对经济增长的作用和影响。值得注意的是,如果其他因素保持不变,产业结构的变化将提高资本效率,降低劳动力生产的弹性[34]。产业结构变动对区域经济增长的贡献在减小,经济增长的稳定性在增加,人为调整产业结构和市场与经济自身调节产业结构具有不同的效用和特点[35]。经济增长和产业结构变化是相互依存的。经济增长驱动的结构调整、产业结构调整和就业结构调整是资源的再分配,将会导致经济的进一步发展。[36]"中国绿色产业结构的变化对实际经济增长的影响非常显著,而经济总量增长对产业结构变化的影响并不显著。蒋振声、周英章指出,产业结构调整与经济增长之间存在单方面的因果关系。[37]

杨治在中国较早系统地提出了一种产业结构理论,并随之产生了更广泛的经济学影响。在他《产业经济学导论》这一系列书目中,他首次提出了绿色产业结构理论,从更加宏观角度全面审视考察了工业结构格局、结构变化特征及其发展与经济高速增长战略的对应关系。[38]有人就提出,在全面转变产业结构时,不仅先要全面考虑重点振兴了哪些重点行业,还要统筹考虑应当淘汰掉哪些传统行业。同时,有必要明智地研究产业结构的变化。在社会现代工业化经济增长转变过程中,社会内部分工制度日益深入细化,工业部门数目不断大幅增加,部门分工之间带来的资源相互利用、依赖性又日益得到增强。结构性变革和区域经济一体化过程,带来的社会效应已开始成为直接促进世界经济增长方式的一项重要推动因素。产业结构合理化是经济增长的客观必要条件,但同时产业结构的投入与产出的边际效率直接影响了经济结构的合理化,经济结构的资源配置效率又是经济结构合理的重要变量。同时经济结构变量之间的合理配置资源可以促进资源利用效率的提高,因此,经济的增长很大程度上受经济资源配置效率的影响。另外,经济增长还受生产

第四章 滇黔桂革命老区绿色产业结构与经济增长协同发展机制

要素质量的影响,生产要素质量的提高取决于技术的进步。由此可知,技术的进步也是影响经济增长的重要变量。另外,经济增长是由相互联系的产业结构通过联动效应共同来促进的,同时产业结构之间的联系效应扩大了产业结构的技术创新作用,形成产业结构的技术创新中心,从而促进产业结构的进步和整体经济增长。刘伟在其《工业化进程中的产业结构研究》一书中,重点考察介绍了在市场经济背景下出现的产业架构,并充分运用经济学理论分析比较问题和应用实证问题分析经济的两种方法,揭示到了其共同内在的深层次矛盾,经济发展整体上面临的一种结构性变化。[39]除了工业化国家完成结构变革外,中国产业结构的趋势也在显现。人们注意到,产业结构的发展过程与工业化和现代化密切相关。在某种程度上,经济增长的性质可以归因于工业化,然后被理解为结构变化。郭克莎以经济增长和产业结构变化理论为基础,研究了中国的经济增长和产业结构变化。[40]基于市场资源配置过程的经济影响,定量综合分析探讨了市场改革试点以来全球资源双向流动情况和世界产业门类间需求结构发展变化及对社会生产力总增长过程和总体经济增长规律的直接影响,指出极有必要创造社会总体供求条件基本相对平衡、结构关系也相对较为协调良好的经济环境,确保经济的健康高速增长。郭克沙在《结构优化与经济发展》一书中主要运用结构主义理论模型和统计方法,重点分析当前产业结构问题,以社会资源合理优化的配置模式为指导,结合探讨其他相关结构问题,旨在以促进结构深度调整发展和实现经济增长。[41]系统分析论述了一些与社会结构持续变化规律和经济发展变化有关联的其他一些主要问题,在对这些重点问题阐述中,研究者着重探讨了产业内部结构调整与升级如何影响绿色经济增长效应。研究者应用逻辑分析的方法,讨论了产业结构对经济增长的影响,通过产业结构的瓶颈、产业结构转型和升级对经济增长的影响,或者说产业结构是否合理和升级的程度是影响经济增长的制约因素。另外也有研究者指出,产业结构的均衡发展是促进经济增长稳定发展的内在原因之一,优化完善产业结构将有利于平衡国内供需、抑制国内外经济周期性波动、确保国内外经济形势平稳协调健康有序发展、促进世界经济增长结构方式加快转变,将具有日益重要而有积极建设性的推进作用。[42]李霞认为,经济增长方式和建立产业结构要相互交叉促进,产业结构格局的初步形成巩固和发展深化都是拉动经济增长的现实结果,同时都对促进经济增长方式具有明显制约作用。[43]国内研究者胡树林指出,产业结构包含的总量结构和行业结构两个方面是相互依存与相互作用的关系。其实任何事物的变化都是由事物的两方面引起的,一方面是事物的总量变化,另一方面是事物的结构变化,因此经济增长也是涉及总量的增长和结构的增长,所以经济增长是产业的总量变化和产业的结构变化相互作用产生的。[44]因此,要使得经济增长长期平稳发展,就要求产业结构体系的合理化和高级化,要求提高产业结构质量,同时经济稳定增长又会进一步促使产业结构的演变。这一观点由研究者毛健采用实证分析方法验证了优化产业结构与区域经济增长之间关系存在显著的正向关系,指出二者关系中相互协同与互动发展的关系。[45]

三、产业结构与经济增长

经济增长与产业结构之间的关系非常密切。经济实力增长得越快,其需求结构变化就越快。同时,产业结构中要素和资源供给结构的快速变化将加速生产结构的变化。与此同时,产业结构的变化将有效促进区域经济增长。经济增长与产业结构的优化和增强相互促进、相互作用、相互联系、相互加强,形成一个良好的经济增长循环。传统的经济增长理论普遍认为,经济增长是资本积累、劳动力投资和技术进步的结合。然而,在现代经济增长理论中,经济学家认为产业结构应被视为内生变量。当然,这两种增长理论的优缺点并不明显。改变产业结构和促进经济增长可以通过结构改革、改善资本、劳动力、技能的使用等传统因素,从而提高资源配置效率,促进经济发展。产业结构的变化与经济增长是相互依存、相辅相成的。在一定条件下,产业结构的变化是经济增长的基础,也是经济增长的主要因素。产业的结构变化是经典经济学家研究的一个收入函数。产业结构的变化可以缓解资源过剩导致的经济过热,合理开发经济要素,满足需求结构的要求,促进经济增长。

(一)经济增长对产业结构的影响

经济增长将导致第一产业在国内生产总值(GDP)的比例变化。人们对农业产品的需求主要是为了满足日常生活的需要:吃、穿、住、行,提高农业生产的水平和技术,使农副产品供应充足,让劳动力从农业中解放出来,劳动力等生产数据会转移到其他行业,其他产业的发展也吸

第四章　滇黔桂革命老区绿色产业结构与经济增长协同发展机制

入劳动力。第二产业经济增长动力工业结构的变化。工业发展的历史，它的发展规律是开始于轻工业，重工业发展后转换。这是因为农业发展成熟，可以提供大量的原材料促进重工业发展，为工业的发展提供更多的劳动力资源，促进行业的发展，同样，经济增长作为第一个产业发展的前提和条件，生产粮食、家畜的时间减少了，便有更多的时间从事第二和第三产业的生产。从社会供求的角度来看，经过一段时间的经济发展，社会需求结构发生了变化，社会需求结构的变化要求产业结构随之改变，产业结构的变化要适应社会需求的变化，社会需求向着绿色低碳化需求转变，必然使得产业结构朝向绿色低碳化转变。因此产业结构调整的方向，就是将有限的资源重新分配到从事绿色产业生产的部门和行业中，提高绿色产业部门和行业的资源使用效率，促进绿色产业结构的转型和升级，继而推动经济高质量增长。另外，从社会资源的供需角度来看，在社会经济结构中，不同的产业在社会再生产中拥有的资源总量和结构都是有差异的，因此不同的行业和部门对不同资源的依赖程度不同，这些不同行业的生产增长所需的资源结构也不同，有的行业的发展更需要技术，有的行业拥有较多的资金，有的产业则是原始的自然资源比较充足，因此在这种情况下，产业结构的调整与升级要根据自身的资源禀赋来确定。由于绿色产业结构是以较低的资源消耗为主要特征，所以提高绿色产业结构的资源利用效率，对于绿色产业的转型升级至关重要，绿色产业的转型升级更多依靠技术的进步和绿色管理，从而促进经济增长。正如前面的分析，产业结构合理和升级与经济增长存在必然的关系，所以我们仍然要将有限的资源投放在产业结构调整上，促进产业结构与社会需求结构相适应。当前，社会的需求越来越倾向于绿色生产和绿色消费，产业结构的调整和升级应该以绿色化为导向，促进绿色产业结构的发展。由此可见，绿色产业结构的地位将越来越显著影响社会资源投资的方向。从经济增长演变的本质上讲，经济的增长是许多相关联的产业和部门的协同增长过程。经济增长总是依靠最先采用先进技术产业的增长，然后由这些先进技术产业带动其他产业协同发展，实现产业结构的合理化与升级，继而促进相关产业共同增长，最后促进整个经济的增长。在当下，绿色产业已经成为朝阳产业，必将成为经济结构中的主导产业，绿色产业势必是经济增长的动力，绿色产业与经济增长密切相关，加强绿色产业结构的技术更新，提高绿色劳动生产率，必将带动整个经济的增长。

（二）产业结构对经济增长的影响

著名经济学家库兹涅茨在其代表作《国民经济增长过程》中强调了产业结构的变化。在人均国内生产总值增长过程中，经济增长与生产力的提高和生产结构的变化密切相关。随着经济增长和国民人均经济水平的提高，人们对产品和服务的需求结构也在不断改善。此外，随着经济的发展，人均国民收入水平有所提高，生产要素的供给条件也发生了变化。当人们更加注重享受时间时，劳动力变得昂贵，相对短缺的资金可能变得更加充裕。生产要素供给结构的变化必然导致生产成本的变化，从而导致产出结构的变化。在当代经济不断完善的过程中，随着社会工作类型分化的深化，行业部门数量不断增加，部门之间的关系密切深化。聚集部门结构产生的巨大经济效益是推动经济持续增长的重要因素。因为各种资源的最佳组合在很大程度上取决于产业结构。资源的合理配置和技术发展水平符合一个国家或地区的实际情况，可以促进经济增长，反之亦然。经济持续增长取决于产业结构的持续升级和优化，这主要体现在主导产业的主导作用上。随着经济的发展，工业部门的数量增加，社会分工日益细化，行业之间的相关性越来越强。技术进步对各个行业的发展起到了重要推动作用。新技术在产业结构发展中的作用有两个方面。第一，创新技术的开发和使用导致了新产业的出现和快速发展，并进一步扩散到其他行业，实现了经济的全面增长。第二，改进技术的使用导致了现有产业的转型、更新和发展，促进了更有效的资源配置，提高了劳动生产率。这两种方法的合力不仅促进了宏观绿色产业结构的变化，而且促进了整个经济的快速增长。

第二节　广西革命老区绿色产业结构与经济增长

基于产业结构与经济增长关系的相关理论和文献分析,可以为本章的滇黔桂革命老区绿色产业结构与经济增长机制研究提供理论依据。现有文献多专注于研究产业结构及其变化对经济增长的影响,较少考察绿色产业结构变化对经济增长的影响。因此,有必要分析绿色产业结构变化与经济增长之间的关系,揭示两者之间的作用机制。目前,中国已进入经济新常态,经济增长速度开始放缓,这表明,绿色产业结构及其变化对经济发展的需要尤为重要。本节内容考察滇黔桂革命老区绿色产业结构变化与区域经济增长的关系,并提出了相应的对策和建议。

一、广西革命老区绿色产业结构与经济增长相关性分析

以下数据来源于中经数据、科技厅和水利厅、国家统计局、百度、广西政府网。随着广西革命老区绿色产业的进一步发展,绿色产业结构也得到进一步调整,但与全国绿色产业结构相比仍然存在一定的差距,广西革命老区绿色产业结构有待进一步完善。结合广西革命老区绿色产业结构发展特点和资源优势,分析广西革命老区绿色产业结构调整中存在的问题,研究绿色产业结构调整升级,是广西产业竞争力和经济发展的主要内容之一。因此,加快广西革命老区绿色产业结构优化和经济增长,推动广西革命老区经济快速发展显然十分必要。对广西绿色产业结构与经济增长相关性状况进行定量分析,以广西革命老区 2017—2021 年 GDP 作为自变量 X,基于第四章绿色产业结构指标中的生产结构指标,选取广西绿色产业结构产值为因变量 Y。主要第一绿色产业(农牧渔林)指标、第二绿色产业(广西生产总值电力消费量、广西总产值煤炭消费量、广西生产工业水耗)指标、第三绿色产业产值(服务业)和年度 GDP 比重等指标,(数据来源于第四章绿色产业中的生产结构指标数据)利用 SPSS 作为计量分析工具软件,来度量广西绿色产业结构与经济增

长的相关性,判断分析广西革命老区绿色产业结构与经济增长之间是否具有相关性。在 SPSS 软件中点击"分析"—"相关"—"双变量",将 GDP 作为自变量 X,广西绿色产业结构产值为因变量 Y,"相关系数"选"Pearson","显著性检验"选"双侧检验",并选"标记显著性相关"。得到如表 4.1 所示的结果。

表 4.1 广西绿色产业结构与 GDP 相关性分析

		相关性			
		广西 GDP	第一绿色产业	第二绿色产业	第三绿色产业
广西 GDP	皮尔逊相关性	1	.929*	.968**	.983**
	Sig.(双尾)		.023	.007	.003
	平方和与叉积	27509639.311	16010436.754	1143.499	17960930.542
	协方差	6877409.828	4002609.188	285.875	4490232.636
	个案数	5	5	5	5
*. 在 0.05 级别(双尾),相关性显著					
**. 在 0.01 级别(双尾),相关性显著					

从表 4.1 中可以看出"Pearson"的相关性为 0.999,所以广西革命老区绿色产业结构与经济增长直接的相关系数为 0.999,属于正相关关系。"显著性(双侧)"的结果是 0.000。可以得出的结论是,两者之间存在着积极而强烈的相关性。整体经济增长越快,绿色产业结构的转化率就越高;绿色产业结构转型率越高,整体经济增长就越快。区域经济增长是一个渐进变化的非线性过程。在不同的发展阶段,广西革命老区绿色产业结构会发生不同程度的变化,表现为高经济增长率和高结构变化率并存。

二、广西革命老区绿色产业结构与经济增长回归分析

回归分析是一种广泛使用的定量分析方法。分析事物之间的统计关系,重点研究变量之间变化的定量规律,回归方程就是帮助人们理解变量之间影响的数量关系,回归方程变量分为自变量和应变量。其中线

第四章　滇黔桂革命老区绿色产业结构与经济增长协同发展机制

性回归分析主要研究变量之间的线性关系。线性回归分析是研究一个或多个自变量与应变量之间是否存在一定的线性关系。线性回归分析的基本步骤是，首先，确定因子变量和多因子变量（通常称为回归方程或数学模型）之间关系的定量表达式，以确定它们之间关系的接近程度。其次，所获得的数学模型可以用于控制可控变量的值，以预测或控制因素变量的值和准确性。然后，进行因子分析，通过区分重要因素和次要因素，确定哪些因素对因子变量的影响最大，哪些变量对变量变化的影响最小。通过 SPSS 建立线性回归模型。拟合优化测试旨在检查用观测值确定的回归方程的拟合效果是否理想。如果总偏差的平方和占很大比例，这表明回归方程对观测值具有良好的通过效应，而对观测值的通过效应较差。拟合优度检验主要是通过判定系数值的大小来检验模型拟合效果，所谓判定系数就是回归平方和与总离差平方和之比。即，若 r=0 到 1 之间，表示变量一起增加或者一起减少；r=0，表示二者没有相关性；r=-1 到 0 之间，表示一个变量随着另一个变量的增加而减少（或者减少而增加）；r=-1，二者具有完美的负相关。用 SPSS 软件进一步进行回归分析，构建一元线性方程。在 SPSS 软件中点击"分析"—"回归"—"线性"，以"第一绿色产业、第二绿色产业、第三绿色产业"为因变量，"GDP"为自变量，并在"统计量"中设置"回归系数"为"估计"，"残差"为"Durbin-Watson（U）"，并选"模型拟合度"，得到如下表4.2、表4.3、表4.4。

表 4.2　广西第一绿色产业与 GDP 回归分析

模型摘要 [b]					
模型	R	R 方	调整后 R 方	标准估算的错误	德宾—沃森
1	.929[a]	.862	.816	1123.782	2.470
a. 预测变量：（常量），第一绿色产业					
b. 因变量：广西 GDP					

表 4.3　广西第二绿色产业与 GDP 回归分析

模型摘要 [b]					
模型	R	R 方	调整后 R 方	标准估算的错误	德宾—沃森
1	.968[a]	.938	.917	754.218	1.704
a. 预测变量：（常量），第二绿色产业					
b. 因变量：广西 GDP					

表 4.4　广西第三绿色产业与 GDP 回归分析

模型摘要[b]						
模型	R	R 方	调整后 R 方	标准估算的错误	德宾—沃森
1	.983[a]	.967	.956	549.266	1.874
a. 预测变量：(常量)，第三绿色产业					
b. 因变量：广西 GDP					

从表 4.2 中可以看出模型的拟合度是 0.862，调整后的模型拟合度是 0.816；从表 4.3 中可以看出模型的拟合度是 0.938，调整后的模型拟合度是 0.917；从表 4.4 中可以看出模型的拟合度是 0.967，调整后的模型拟合度是 0.956。

表 4.5　广西第一绿色产业与 GDP 拟合优度检验

ANOVA[a]					
模型		平方和	自由度	均方	F	显著性
1	回归	23720978.720	1	23720978.720	18.783	.023[b]
	残差	3788660.591	3	1262886.864		
	总计	27509639.311	4			
a. 因变量：广西 GDP						
b. 预测变量：(常量)，第一绿色产业						

表 4.6　广西第二绿色产业与 GDP 拟合优度检验

ANOVA[a]					
模型		平方和	自由度	均方	F	显著性
1	回归	25803102.187	1	25803102.187	45.360	.007[b]
	残差	1706537.125	3	568845.708		
	总计	27509639.311	4			
a. 因变量：广西 GDP						
b. 预测变量：(常量)，第二绿色产业						

第四章 滇黔桂革命老区绿色产业结构与经济增长协同发展机制

表 4.7 广西第三绿色产业与 GDP 拟合优度检验

ANOVA[a]						
模型		平方和	自由度	均方	F	显著性
1	回归	26604557.218	1	26604557.218	88.184	.003[b]
	残差	905082.094	3	301694.031		
	总计	27509639.311	4			
a. 因变量：广西 GDP						
b. 预测变量：（常量），第三绿色产业						

从表 4.5 中可以看出，回归模型的方差分析表中 F 的统计量为 18.783，P 为 0.023[b]；从表 4.6 中可以看出，回归模型的方差分析表中 F 的统计量为 45.360，P 为 0.007[b]；从表 4.7 中可以看出，回归模型的方差分析表中 F 的统计量为 88.184，P 为 0.003[b]，表明模型显著。

三、广西革命老区绿色产业结构与经济增长的灰色关联分析

（一）灰色关联分析基本原理

灰色关联分析方法是对变量之间相关分析的一种基本统计分析法，它和熵值法和层次分析法一样，被经常用在经济现象的统计分析之中。灰色关联分析发展源于灰色系统理论，灰色系统理论提出系统中的各个子系统存在一定的关联性，然后通过一定的方法去探讨各子系统之间的数值关系。灰色关联度分析适合动态历程分析。灰色关联分析的基本原理是用来分析系统中各个变量之间相关联程度，以及影响变量的主要因素，灰色关联分析在统计分析中相比其他的分析方法优势和分析过程的步骤有：确定反映系统行为特征的参考数列和影响系统行为的比较数列，然后对参考数列和比较数列进行无量纲化处理，最后计算参考数列与比较数列的灰色关联。本文选取广西壮族自治区 GDP 作为经济增长的系统特征指标。选择第一个绿色产业、第二个绿色产业和第三个绿色产业的产值作为一组相关因素指标。然后开始初始化，是删除与序列中第一个数字相同序列中所有数字的过程，由此产生的序列称为"初始化序列"。

(二)灰色关联分析

选取广西壮族自治区2010—2020年国内生产总值作为参考序列,选取广西同期三个工业生产值作为比较序列。经计算,第一个绿色产业产值与GDP的灰色关联 γ01=0.71,第二个绿色产业总值与GDP的灰度关联 γ02=0.69,第三个绿色产业的产值与GDP γ03=0.63。因此,改革开放以来,第一个绿色产业的发展对GDP的影响最大,其次是第二个绿色产业,最后是绿色第三产业。

表4.8 广西绿色产业结构与经济增长灰色相关性分析

2010—2020	
一产GDP的灰色关联度	0.71
二产GDP的灰色关联度	0.69
三产GDP的灰色关联度	0.63

表4.9 广西绿色产业结构2010—2020年灰色相关性分析关联系数结果

关联系数结果			
年份	第一绿色产业	第二绿色产业	第三绿色产业
2010	1	1	1
2011	0.95	0.94	0.92
2012	0.93	0.94	0.91
2013	0.86	0.79	0.74
2014	0.76	0.78	0.69
2015	0.69	0.68	0.59
2016	0.67	0.58	0.51
2017	0.53	0.54	0.44
2018	0.45	0.50	0.39
2019	0.47	0.45	0.36
2020	0.46	0.40	0.33

选取广西革命老区2010—2020年的GDP为参考数列,比较序列分别是第一、第二和第三绿色产业产值,计算第一、第二和第三绿色产值产业与GDP的灰色关联度,它们分别是 γ1=0.71, γ2 = 0.69, γ3=0.63。

第四章　滇黔桂革命老区绿色产业结构与经济增长协同发展机制

根据三个绿色产业产值与广西总产值相关系数得到,随着广西壮族自治区产业结构的变化,三次绿色产业对GDP增长的影响存在差异。第一绿色产业对GDP增长的影响大于第二绿色产业,第二绿色产业次之,第三绿色产业对GDP增长的影响最小。对第一绿色产业数据的分析表明,尽管下降趋势有所下降,但只会放缓,经济影响正在减弱和稳定。第二和第三部门之间的相关性变化非常相似,并呈显著增长态势。第三阶段的灰色关联度超过0.6(第一产业超过0.7)。简而言之,在广西,第一产业经济影响的下降可能会持续一段时间,但不会无限期地持续下去,最终将处于相对稳定的状态。由于其在经济中的基础地位,其他行业将继续依赖农业。第二产业是经济增长的重要驱动力,而第三产业是更强大的驱动力。

第三节　云南革命老区绿色产业结构与经济增长

一、云南革命老区绿色产业结构与经济增长相关性分析

以下数据来源于中经数据、科技厅和水利厅、国家统计局、百度、云南政府网。

对云南绿色产业结构与经济增长相关性状况进行定量分析,选取云南2017—2021年GDP作为自变量X,云南绿色产业结构产值为因变量Y。主要指标有第一绿色产业(农林牧渔)、第二绿色产业(云南生产总值电力消费量、云南生产总值煤炭消费量、云南生产工业水耗)、第三绿色产业产值(服务业)和年度GDP比重等指标,来分析衡量云南绿色产业结构与经济增长的相关性。

表 4.10　云南绿色产业结构与 GDP 相关性分析

		相关性			
		云南 GDP	第一绿色产业	第二绿色产业	第三绿色产业
云南 GDP	皮尔逊相关性	1	.898*	.606	.998**
	Sig.(双尾)		.038	.278	.000
	平方和与叉积	81121455.677	31859627.240	3314.198	51493975.473
	协方差	20280363.919	7964906.810	828.549	12873493.868
	个案数	5	5	5	5

*. 在 0.05 级别（双尾），相关性显著

**. 在 0.01 级别（双尾），相关性显著

从表 4.10 中可以看出皮尔逊的相关性为 0.998，所以云南绿色产业结构与 GDP 增长有着直接的相关系数为 0.998，属于正相关关系。"显著性（双侧）"的结果是 0.000，这是有道理的。可以得出的结论是，两者之间存在着积极而强烈的相关性。同时这也表明了云南革命老区绿色产业在发展的各个阶段都有其自身的特点，即经济增长速度快，结构变动速度快。

二、云南革命老区绿色产业结构与经济增长回归性分析

表 4.11　云南第一绿色产业与 GDP 线性回归分析

	模型摘要[b]				
模型	R	R 方	调整后 R 方	标准估算的错误	德宾—沃森
1	.898[a]	.807	.743	998.551	2.726

a. 预测变量：(常量)，云南 GDP

b. 因变量：第一绿色产业

表 4.12　云南第二绿色产业与 GDP 线性回归分析

模型摘要[b]					
模型	R	R 方	调整后 R 方	标准估算的错误	德宾—沃森
1	.606[a]	.368	.157	.278	2.050
a. 预测变量：(常量)，云南 GDP					
b. 因变量：第二绿色产业					

表 4.13　云南第三绿色产业与 GDP 线性回归分析

模型摘要[b]					
模型	R	R 方	调整后 R 方	标准估算的错误	德宾—沃森
1	.998[a]	.996	.995	204.346	3.483
a. 预测变量：(常量)，云南 GDP					
b. 因变量：第三绿色产业					

从表 4.11 中可以看出模型的拟合度是 0.807，调整后的模型拟合度是 0.743；从表 4.12 中可以看出模型的拟合度是 0.368，调整后的模型拟合度是 0.157；从表 4.13 中可以看出模型的拟合度是 0.996，调整后的模型拟合度是 0.995。

第四节　贵州革命老区绿色产业结构与经济增长

一、贵州革命老区绿色产业结构与经济增长相关性分析

贵州数据来源于中经数据、科技厅和水利厅、国家统计局、百度、贵州政府网。

选取贵州 2017—2021 年 GDP 作为自变量 X，贵州绿色产业结构产值为因变量 Y。主要指标有第一绿色产业(农林牧渔)、第二绿色产业(贵州生产总值电力消费量、贵州生产总值煤炭消费量、贵州生产工业水耗)、第三绿色产业产值(服务业)和年度 GDP 比重等指标，以此来分析衡量贵州绿色产业结构与经济增长的相关性。

表 4.14 贵州绿色产业结构与 GDP 相关性分析

		相关性			
		贵州 GDP	第一绿色产业	第二绿色产业	第三绿色产业
贵州 GDP	皮尔逊相关性	1	.982**	.973**	.991**
	Sig.（双尾）		.003	.005	.001
	平方和与叉积	22982917.34	2824386.684	128.036	14461471.637
	协方差	5745729.336	706096.671	32.009	3615367.909
	个案数	5	5	5	5
**. 在 0.01 级别（双尾），相关性显著					
*. 在 0.05 级别（双尾），相关性显著					

从表 4.14 中可以看出皮尔逊的相关性为 0.991，所以贵州绿色产业结构与 GDP 增长有着直接的相关系数为 0.991，属于正相关关系。"显著性（双侧）"的结果是 0.001，这是有道理的。可以得出的结论是，两者之间存在着积极而强烈的相关性。可以看出，随着贵州革命老区绿色产业结构转型程度的提高，贵州的总体经济发展水平也会随之提高。

二、贵州革命老区绿色产业结构与经济增长回归性分析

表 4.15 第一绿色产业与 GDP 线性回归分析

	模型摘要[b]				
模型	R	R 方	调整后 R 方	标准估算的错误	德宾—沃森
1	.982[a]	.964	.952	65.40823	2.411
a. 预测变量：(常量)，贵州 GDP					
b. 因变量：第一绿色产业					

第四章　滇黔桂革命老区绿色产业结构与经济增长协同发展机制

表 4.16　第二绿色产业与 GDP 线性回归分析

模型摘要 b					
模型	R	R 方	调整后 R 方	标准估算的错误	德宾—沃森
1	.973ª	.947	.930	.00364	2.238
a. 预测变量：(常量)，贵州 GDP					
b. 因变量：第二绿色产业					

表 4.17　第三绿色产业与 GDP 线性回归分析

模型摘要 b					
模型	R	R 方	调整后 R 方	标准估算的错误	德宾—沃森
1	.991ª	.982	.976	234.60358	1.762
a. 预测变量：(常量)，贵州 GDP					
b. 因变量：第三绿色产业					

从表 4.15 中可以看出模型的拟合度是 0.964，调整后的模型拟合度是 0.952；从表 4.16 中可以看出模型的拟合度是 0.947，调整后的模型拟合度是 0.930；从表 4.17 中可以看出模型的拟合度是 0.982，调整后的模型拟合度是 0.976。

第五节　滇黔桂革命老区绿色产业结构与经济增长协同发展机制

一、广西革命老区绿色产业与经济增长协同发展机制

（一）准确把握经济增长与绿色产业结构变化的关系

目前，经济增长与绿色产业结构之间的关系越来越密切。将优化和改善绿色产业结构视为促进国民经济稳定增长的新动力。因此，正确认识两者之间的关系，可以有效协调两者之间的关系，确保经济增长和绿色产业结构的调整，更好地实现经济稳定增长。在促进经济发展中，要

结合当地实际,优化绿色产业结构,以绿色产业结构的先进性为目标,改善绿色产业结构,加强第二或第三个绿色产业的增长,使得绿色产业整体结构得到改善。提高科学技术创新能力和建立的现代服务业系统,是广西绿色与绿色产业结构提升的关键,科学技术创新能力主要涉及科技创新、技术创新,以及由现代科技所带动的企业管理创新能力。而上文提及绿色产业结构能力则是指企业的服务市场能力,具体表现在产品、服务龙头企业能力和绿色产业结构的市场实现水平。所以,科学技术创新能力是提高绿色产业结构与经济增长实力的重要因素。

(二)加强政府宏观调控,正确认识政府在加快绿色产业结构优化中的作用

绿色产业结构不断优化完善,不仅促进先进技术发展,还将本土市场与其他区域市场连接起来。当技术促进经济增长和优化绿色产业结构时,提高生产力和产品质量,进一步加快绿色产业结构的适应。目前,中国正在不断推进市场化改革进程,使市场在资源配置中发挥着重要的作用。政府在管理工业投资、稳定投资者信心和促进绿色产业结构方面继续发挥着非常重要的作用。因此,有必要充分发挥政府在绿色产业结构调整中的作用。从绿色产业结构发展演变的历程来看,产业变化必然导致绿色产业结构发展,而一个产业的发展便需要倾注丰富的科学技术创新能力元素。2017—2021 年,随着广西 GDP 上升,三个行业的比重也进行了进一步调整与提升,三个绿色产业占比逐渐增加,第一、第二绿色产业比重均出现了减少。而根据广西各地市的绿色产业结构调整趋势与行业的地位变化分析,这与其经济增长能力与新技术研究投资的增加之间存在着莫大的关系。而研究结果也表明,各地的三个绿色产业比重都在 GDP 中占据了很大比例,而且规模正在逐渐扩大,所以三个绿色产业会是广西的产业结构调整的重点。近年来,广西科学技术水平的提高带动了三个绿色产业的蓬勃发展,同时随着人民可支配收入的增加,以及居民生活消费方式的改变,使第三绿色产业出现了巨大的成长空间。

第四章　滇黔桂革命老区绿色产业结构与经济增长协同发展机制

（三）加快就业结构调整,减少绿色产业结构在就业结构调整中的滞后

就业结构的改善和优化是促进经济发展的重要前提,促使就业人员与绿色产业结构保持一致。因此,就业结构的长期僵化将阻碍经济增长。有必要促进就业结构的调整,优化就业结构带动绿色产业结构的升级,并采取措施促进就业结构改善。此外,滇黔桂革命老区还应增加对教育的投资。增加对教育投资,可以提高人力资源的质量,实现就业结构与经济协同发展;充分利用互联网,整合资源,及时发布就业信息,加强基础设施建设,克服区域就业制约。促进现代工业智能化建设已成为当前广西绿色经济发展的重要支柱。总体而言,广西的三个重点绿色产业部门中,以第二绿色产业的 GDP 贡献比重逐渐增多,可见于第二绿色产业对全区 GDP 的重要增长贡献的地位。而从地市方面来看,虽然绿色产业发展中也面临着突出的地区产业发展不均衡,但由于广西人民政府持续强化了对中小企业自主开发创新的政策引导与支持力度,故目前创新发展已经在逐步走向一个活跃期,从原来的研究模仿、跟进,逐步转变为重点依赖企业的主动创新寻求经济发展。技术创新个体的力量是非常有限的,而现代工业产业园区的建立,则能从总体上促进地方科技创新能力的增强,其持续提升的技术能力还会为地方的产业转型发展带来技术能力保证。

（四）经济发展的驱动力多样化,强调非经济增长因素的重要性

之前经济迅速发展在很大程度上依赖于资本投资,而不是要素投资。投资资本可以在短期内带来经济的快速增长,但也容易受到牺牲环境、忽视质量、简单追求数量和发展低价值产业等问题的影响。这些问题将阻碍未来经济的稳定增长以及绿色产业结构的优化和升级。因此,广西革命老区需要多样化经济发展动力,依靠创新,大力发展技术,进一步改善绿色产业结构,提高工业增加值,逐步摆脱对资本经济增长的依赖,实现绿色产业结构的稳定转型。

二、云南革命老区绿色产业与经济增长协同发展机制

（一）准确把握经济增长与绿色产业结构变化速度的关系

随着经济放缓,推动绿色产业结构调整,从外需转向内需,淘汰不适应新需求形势的生产商和产能,遏制产能过剩。要妥善处理"结构调整"和"稳定增长"的关系,继续发挥市场对绿色产业发展机制的作用。加强绿色产业发展将极大提高产业结构改善,而产业结构的改善将有效促进云南经济社会的可持续增长。因此,绿色产业的发展要建立在绿色技术革新的基础上,并将绿色技术广泛应用在产业发展之中,即将绿色技术扩散到三大产业发展之中,继而将三大产业的发展方式进一步向绿色产业发展方式转变。另外,产业结构绿色化的转型要求产业的生产要素也要融合绿色元素,从而进一步推动绿色产业和绿色经济的发展。云南只有通过大力发展绿色经济,才能充分发挥自身资源优势和突破资源环境的瓶颈制约,继而促进产业结构的绿色转型。

（二）制定促进绿色产业结构调整政策,促进经济增长

云南革命老区在经济发展的不同阶段,有必要制定合理的产业政策,管理产业之间的资源有序流动,实现资源优化配置。根据各行业的特点,合理引导不同行业,管理行业间资源的合理分配,加强行业结构,消除行业间壁垒。随着经济的健康发展,减缓低附加值产业链的扩张,及时淘汰高能耗、低绩效的落后行业,使生产要素流入高效行业。虽然云南在三大绿色产业比重之间有所反复回旋变化,但城市的绿色产业结构均有所调整,第一、第二绿色产业比例均有所下降,而第三产业比例则有所增长,全省 GDP 大致保持着"二三一"的绿色产业结构发展趋势。高新技术产业和服务业也将会成为云南国民经济发展的主导,绿色产业结构的优化,将带来经济社会生态的高质量发展。

第四章　滇黔桂革命老区绿色产业结构与经济增长协同发展机制

（三）优化绿色产业结构，带动经济发展

绿色产业结构是否合理，直接影响宏观经济增长。云南革命老区许多行业仍然是资源依赖型和粗放型的。因此，为了确保云南革命老区经济的稳定增长，有必要进一步调整绿色产业结构。第一，要强化绿色农业基础地位，大力发展现代绿色农业，按照现代农业生产经营模式建设现代农业。第二，要完善传统产业，从粗放型增长向集约型增长转变，走新型绿色工业化道路，大力发展信息产业，用先进技术改造传统产业。第三，应积极发展绿色第三产业，特别是新兴服务业，以促进经济增长。为了优化和改善绿色产业结构，保持经济平稳较快运行，有必要确保内需和外需之间的平衡。将扩大内需作为一项根本的长期战略，在实现内外需平衡的过程中促进云南革命老区绿色产业结构优化，通过不断改善消费者需求来促进云南绿色产业结构的升级，并在绿色产业结构合理化的过程中实现云南革命老区经济增长。绿色产业结构升级的中心环节就是企业自主创新能力的提升，依靠市场调节这双"无形的手"和政府宏观调控"有形的手"实现资源的优化配置，从而推动绿色产业结构朝着合理化和高级化方向发展。科技创新和"绿色"的经济发展理念，都必须从始至终落实到三大绿色产业部门上，以促进云南国民经济各产业间的协调发展。促进科技创新，健全云南绿色服务业体系从生产要素推动的发展走向创新驱动，成为云南新常态下经济社会高质量发展的重要突破口。

三、贵州革命老区绿色产业与经济增长协同发展机制

（一）实施"东西部"战略，做好产业转移

贵州革命老区要实现可持续发展，必须坚持以信息技术促进产业发展。积极探索绿色化、信息化和智能化相结合的产业结构转型与升级，促进绿色产业引领经济的增长，着力打造一批生产绿色技术含量高和经济效益好的低成本、低污染的绿色农业产业和绿色工业产业集群。进一步开发人力资源的潜力，激发生产人员和管理人员的积极性和创造性。

继续实施"东西部"战略,做好产业转移。"向东引进"是指从东部引进资金、产业、技术、人才和管理方法,以适应滇黔桂革命老区的发展,发挥滇黔桂革命老区地理位置和人力资源的比较优势,加快滇黔桂革命老区传统产业的转型和现代化。"西化"是指充分利用滇黔桂革命老区与西部地区的文化联系、地理关系和经济互补性,扩大中西部地区的市场。

(二)加强区域合作,培育特色高新技术产业驱动经济增长

基于不同区域资源的优势进行合作是促进区域经济协同发展的一条重要路径。第一,可以充分在电子和钢铁领域,以及光纤和汽车等行业展开不同区域的产业合作,以此来促进地区经济的增长。第二,要不断加强不同产业之间绿色改造,加强绿色产业技术的研发,促进绿色产业之间的合作,实现产业之间互利共赢。第三,要积极培育具有地方特色高新技术产业,拓展特色高新技术产业链和绿色产业链,积极推动绿色产业创新平台、企业和高校在绿色产业创新方面的链接,促进绿色产业技术的消化、吸收和再创新。第四,积极发展循环经济,淘汰落后产能,促进清洁生产,提高资源效率,实现经济可持续发展。科技创新能增加企业劳动生产率,而技术创新的扩散作用又能提高绿色产业整体技术水平,在结合新技术发展与绿色产业结构发展的情况下,强调要融合区域经济学的理论研究,积极培育和吸引高级科技人才,加强"产、学、研"的发展,对外交流协作,形成良性的新技术发展氛围。贵州近年来对高新科技产业、战略性高新产业的培育开发效果突出,给贵州经济社会发展带来了新动力。当前贵州正处在加速实施工业化和数字化的新时期,人们普遍重视对第三绿色产业的开发认识。再加上政府近年来对贵州第三绿色产业投入占固定资产投资的比例有所提高,导致其开发速度改善许多,促进实现绿色产业结构的调整转型。

(三)以市场为导向促进绿色产业转型升级,推动经济高质量增长

经济发展的活力来源于市场竞争,企业之间的竞争能够最有效激发生产要素质量的提高,和对资源的优化配置。因此,要促进产业的绿色

化,必须引入竞争机制,促进市场主体以绿色市场为导向,激活市场主体绿色创新活力。因此,基于产业结构演化的规律,在市场的导向下,大力推动工业的绿色转型和大力发展现代服务业,促进第三产业绿色优化和智能化是促进经济增长的重要选择。贵州革命老区要大力发展金融、保险、物流、信息、旅游等现代服务业,促进产业优化和现代化,促进经济又好又快发展。刘伟和李少荣等指出,发展绿色第三产业必须以发展第一绿色产业和第二绿色产业为基础。[46]单方面强调发展绿色第三产业只会导致经济放缓。加快发展生产性绿色服务业。深化专业分工,重视对企业科技与专利方面的产品支撑,同时提高企业对交通、仓储、物流配送等业务方面的技术支持水平,并积极建设现代商贸物流配送体系。首先,以贵阳作为现代服务业的中心环节,已建立起了南北陆路大通道。同时积极发展生活类的现代服务业。各地市政府已在切实地做好第三产业供给侧结构性改革,尤其是在对现代服务商品的供给扩大,发展供给主体,创新供给方式,提高服务供给能力这四个方面做了积极努力。要扩大城乡居民人均可支配收入,积极培育汽车配件、金融、电商、文化旅游等的消费市场,积极培育新的消费亮点,促进社会大众的经济消费方式健康增长。

(四)建立行业标准规范现代服务业,提高经济增长质量

借鉴国际质量标准体系,保护消费者合法权益,塑造现代服务业良好社会形象。现代服务业的发展一方面依赖于现代服务本身的发展质量和水平,另一方面来源于现代服务业发展的结构调整和集聚效应。因此,要加强对优化服务结构调整,提高服务业绿色化、生态化和智能化水平,同时着力加大培育现代服务业集聚,让现代服务产生对周围经济辐射集聚效应,能够有力促进现代服务业的发展壮大。同时要发挥贵州革命老区产业结构优势,协同现代物流、旅游、文化、金融四大支柱产业的绿色化、高端化和智能化的发展,充分挖掘商务服务、信息服务、科技服务等现代服务业的细分行业发展潜力。与此同时要加强现代服务业与相关的绿色产业融合,积极推进现代服务业与工业、农村产业的合作,加强对现代服务业的生产要素优化整合;不断拓宽现代服务业的领域,积极推进现代服务业的转型,构筑现代服务业发展的制度创新基

础。技术创新能显著促进绿色产业结构升级。改变贵州外商投资绿色产业结构不平衡、促进绿色产业结构升级某种程度上可以通过优化外商投资环境、调整外商投资绿色产业结构来实现。

第五章　滇黔桂革命老区绿色产业结构升级协同发展机制

第一节　引言与相关文献回顾

在经济新常态下的经济社会正在逐步从高速度增长向高质量增长转型,滇黔桂革命老区绿色产业结构的转型问题也更加突出。本章通过建立偏离—份额分析矩阵表,对滇黔桂革命老区(以广西革命老区为例)三大绿色产业部门的经济增长统计数据进行研究,并发现在绿色产业发展进程中各地市的产业结构和能力的优与劣,以及三大绿色产业成长方式的发展重点,并利用绿色产业结构四象限分析法确定了各地市的三大绿色产业发展所占层次。研究结果认为:科学技术发展和先进的现代服务业制度,是当前特色产业结构升级的重要基础;现代工业智能化建设,是经济增长的重要力量;产业绿色化转型,是促进绿色产业结构升级和社会生态效益的提升动力;贯彻"绿色"经济理念,是积极推进绿色产业结构升级制度建设的理论基础。近年来,滇黔桂革命老区绿色产业结构升级仍存在着一些问题和困难。新型绿色工业建设仍待进一步提高。滇黔桂革命老区仍然存在资源供给不够均衡、绿色产业结构不尽合理、绿色转型的技术不够发达等情况,必须通过寻求绿色产业结构调整的新突破口,来促进绿色产业结构升级。推动绿色产业结构升级有利于增强经济高质量增长,可以较好地解决绿色工业增长的不均衡与不完善问题。加快发展新型绿色工业化,把握绿色经济发展的新契机,培养形成绿色发展新动力,对经济的高质量发展有重要的引导作用。明确绿色产业结构中的优势和劣势产业,把握绿色产业的发展主要趋势,并通过质量革新、效益革命和动力革新的手段,促进滇黔桂革命老区绿色产业结构协同升级。在供给侧结构性改革与经济增长新常态的大环境下,经济发展策略以及产业结构的合理化与高级化问题,新旧动能转换的不顺利,行业结构性调整失衡,产业之间联系的减弱,以及对产业增长层次和新型工业化增长阶段发展层次的不适应程度等情况,也越来越引起专家们关注。经济专家李美莲、张卫华等人提出,在新的经济社会发展形势下,要努力提高对产业结构和经济增长层次的适宜程度,逐渐形成新旧动能之间平稳接续、协同发力的"双轮驱动"发展新态势;[47]学者赵春艳等认为当前宏观经济发展对产业结构影响效果显著;[48]徐保金等采用SSM和区分商模型,研究了产业结构在竞争力中的优点、缺陷及其区域现有的产业结构对企业成长的作用;[49]贺玉德对产业结构发展和GDP之间的联系展开了VAR模型的动态分析;[50]干春晖等研究认为生产要素在产业部门间的流动导致了产业结构的变化,而要素构成变化是产业结构演进的基础;[51]黄群慧指出了产业结构演进的动力与要素,并指出新阶段要实现从要素驱动为主转向效率驱动为主的动力变革。[52]

经济社会发展正步入新时期,要克服国民经济增长的不均衡和不完善问题,必须促进经济高质量增长。韩江波等提出技术创新推动企业高品质增长,工业的发展有赖于高级要素边际报酬的递增;[53]黄速建等构建了实现国有企业高质量发展的逻辑框架;[54]郭春丽等认为推动经济高质量发展应着眼于投入产出、兼顾宏观微观、统筹供给需求;[55]郭敬生论述了民营经济高质量发展的价值、机遇和路径;[56]余泳泽等研究了经济高质量发展的实践与问题,认为技术创新是经济高质量发展的首要驱动力;[57]景维民等人指出混合经济结构优化是经济高质量发展的驱动力。[58]为加快推动经济升级转型,实现经济高质量发展,学者们对产业结构优化升级方面展开探讨。如张协奎等研究了产业结构变动对整个北部湾经济区经济增长的贡献率;[59]郭敏从不同角度对新型城镇化下产业结构升级提出了建议,以有效推动当地的产业结构优化。[60]我们可以继续推动新型城市化的发展方式转型,提高城乡居民的比例构成,带动居民消费结构的转变。产业结构的转型能够促进地方经济社会的合理化发展,还能够增加地方经济在全球竞争中的吸引力,这对于新城镇化的推进非常有益。研究者对于产业空间结构问题的研究较多,研

第五章 滇黔桂革命老区绿色产业结构升级协同发展机制

究方向也相对完善,而近年来研究者对于我国的产业空间结构研究目标聚焦于经济领域中的环境资源空间结构、产业结构变迁与产业科技进步间的交互联系、外商投资环境变化对产业结构提升中的重要作用、环境生态承载力与我国产业结构转型、城镇化与产业结构发展中的相互作用机理等研究领域。刘主光等在探讨了利用对外投入对产业结构的作用之后,以实验手段研究了利用对外直接投入和第一产业、第二产业投入与 GDP 的比例,并得出了利用对外直接投入确实是在一定范围内促进了该区域的经济发展与产业结构的提升。[61] 国内外有关文献对产业的研究主要围绕着产业结构合理化与高级化两个内容,以及大量对经济社会发展与产业结构调整之间相互关联的实证分析。在对产业结构现状、三次产业就业比例及产业结构效益进行分析后,吴丽君等提出推动农业现代化、强化工业化集约发展、培育发展第三产业。[62] 这些探索,都是基于产业结构的调整程度,直接关系着可持续发展,对推动产业结构的转型调整,具有非常重大的意义。

当前滇黔桂革命老区的经济发展问题主要着眼于现有资源环境下,绿色产业结构提升问题,包括在资金支持、创新、人力资源、政策等促进绿色产业结构升级问题,以及在绿色的产业结构提升和对环境、土地资源的有效管理领域的相关研究等。由于经济高质量发展已成为发展领域的研究热点,与此同时有关地方的绿色产业结构提升,以及与经济高质量发展有关的实证资料也相对欠缺。借鉴以上产业结构研究方法和思路,根据影响滇黔桂革命老区(以广西为例)经济的三大主要绿色产业类型,对不同地市的绿色产业结构效应、区域份额效果等因素进行了测算,以便找到经济发展的优势绿色产业部门。通过标准化处理方法,将两个偏离分量同时置于四象限中,并运用两个维度的综合分析,试图找出广西革命老区的绿色产业结构竞争力优化路径,从而实现经济高质量增长目标。

第二节 偏离－份额分析法

偏离－份额分析法已经被研究人员普遍应用到了地区经济结构研究中,但是因为同一种因子在不同时间内可能会出现权偏差影响,故不能把单一因子的纯影响从交互效应中剥离。因此利用矩阵分析表就能够观察到各地绿色产业结构的共同特点,并由此判断绿色产业经济增长的能力和绿色产业升级。偏离－份额分析法分析对于绿色的产业结构整体升级也是很有必要的。对三大绿色产业的经济增长的主要统计数据进行研究时采用偏离－份额分析矩阵表。技术创新与绿色产业结构的优化、现代制造业智能化转型,是加快培育绿色产业结构、科技创新,完善绿色服务业体系,推进绿色发展的重要举措。

Shifit-Share 数学模型。假定区域 i 国民经济规模在进行了一定时间的调整 [0, t] 后,经济总量和经济结构均已变化。设基期年区域 i 经济总规模为 $b_i,0$（可用地区总产值表示）,末期年区域 i 国民经济总规模为 b_i,t。按照全国统一的原则,把地方国民经济划分为 n 个工业组,依次用 $b_{ij},0$ 和 $b_{ij},t^{(j=1,2,\cdots n)}$,表示地方政府 i 时,第 j 个工业组的阶段基期和末期的国民经济总规模。如用 b_0,B_t,表示地方人民政府所在地区或全国的一定阶段基期和末期的国民经济总规模,而用 $B_j,0$ 和 B_j,t 则表示地方政府所在区域或全国基期和末期第 j 个工业组的总规模。

区域 i 内 j 产业部门数量在 [0, t] 之间的变化率如下:

$$r_{ij} = b_{ij},t - b_{ij},0 \quad {}^{0(j=1,2,\ldots,n)} \quad (5.1)$$

所在地区的全国 j 产业部门在 [0, t] 区域内的经营变化率如下:

$$R_j = B_j,t - B,0 \quad B_j^{0(j=1,2,\ldots,n)} \quad (5.2)$$

所在地区的国家各产业中所占的比例按下式将地区各产业的数量标准化得到:

$$b'_{ij} = b_i,0 \times b_j,0 \quad B^{0(j=1,2,\ldots,n)} \quad (5.3)$$

第五章 滇黔桂革命老区绿色产业结构升级协同发展机制

在 [0, t] 时间内区域 i 第 j 产业部门的经济增加值根据 G_{ij} 标准可以区分成 N_{ij}, P_{ij}, D_{ij} 三个分量,具体表示方式为:

$$G_{ij}=N_{ij}+P_{ij}+D_{ij} \quad (5.4)$$

$$N_{ij}=b'_{ij} \times R_j \quad (5.5)$$

$$P_{ij}=(b_{ij},0-b'_{ij}) \times R_j \quad (5.6)$$

$$D_{ij}=b_{ij},0 \times (r_{ij}-R_j) \quad (5.7)$$

$$S_{ij}=P_{ij}+D_{ij} \quad (5.8)$$

(1) 区域 i 内 j 产业部门在 [0, t] 期间的变化率如下:

$$r_{ij} = \frac{b_{ij},t-b_{ij},0}{b_{ij},0}^{(j=1,2,\ldots,n)}$$

(2) 所在区域的全国 j 产业部门在 [0, t] 年的平均变化率为:

$$R_j = \frac{B_j,t-B_i,0}{B_j,0}^{(j=1,2,\ldots,n)}$$

(3) 根据所在大区或全省的各行业组织规模所占的比例,按下式法把地区的各行业组织结构标准化得到:

$$b_{ij} = \frac{b_j,0-B_j,0}{B_0}^{(j=1,2,\ldots,n)}$$

(4) 在 [0, t] 时间内区域 i 第 j 产业部门的经济增加值 G_{ij} 可划分为 N_{ij}, P_{ij}, D_{ij} 三种分量,具体表述如下:$G_{ij}=N_{ij}+P_{ij}+D_{ij}$,$N_{ij}-b'_{ij} \times R_j$,$P_{ij}=(b_{ij},0-b'_{ij}) \times R_j$,$D_{ij}=b_{ij},0 \times (r_{ij}-R_j)$,$S_{ij} = P_{ij} + D_{ij}$,$N_{ij}$ 为区域标准化产业结构随全国(或所在地区)的平均增长速度差异而引起的变化率。P_{ij} 为绿色产业结构效果,是指地区产业结构比例与全国(或所在地区)相应产业结构比例的差别造成的地区 i 第 j 产业结构增长相应于国家(或所在大区)水平所引起的误差,该值与经济总量增长成反比例。地区市场效应,是指地区 i 第 j 产业部门增长与国家(所在地区)相应部门增长率差异所造成的误差,反映了地区 i 第 j 产业的相对市场竞争能力水平,该值与地区国民经济增长水平成反比例。是偏移分量、绿色产业结构效果和地区份额效果之和,适用于评估地域产业结构差异,从而判断地区未来的产业结构调整走向。

第三节　广西革命老区绿色产业结构升级机制

全区经济发展势头良好,绿色产业结构在不断调整和优化,对全区产业发展进行的供给侧结构性改革,对绿色产业结构升级至关重要。从全区的产业演进水平来看,第一绿色产业、第三绿色产业 GDP 均有所增长,从产值占比来看,第三绿色产业最高,第二产业次之;第一绿色产业、第二绿色产业占比均略有下降,但第三产业稳步上升。在绿色产业结构调整上,广西绿色工业增加值和服务业增加值占比稳步提高,不断推进城镇化发展和基础设施支撑能力提升,增强城乡区域协调发展,绿色产业结构调整逐渐趋于合理化和高级化方向。广西绿色产业结构调整转型要贯彻落实碳达峰碳中和的决策部署,我们要正确认识并推进"双碳"战略与工业振兴发展的相互关系,要认识推进碳达峰碳中和战略实施所面临的严峻形势。要确保与全国同步实现最低碳达峰碳中和目标,而我们则要有序推进全国重点领域关键环节的降碳工作,要科学制定配套政策和行动计划,这将是一场广泛而深刻的经济与社会系统性变革。根据 2017 年和 2021 年广西 14 个地市 GDP 及构成因素的截面数据、时间序列数据,并通过以下公式计算后得到了 Shifit-Share 分析矩阵图(表 5.1)。以下数据来源于中经数据、广西统计局、国家统计局、百度、广西政府网。

表 5.1　广西各地市绿色经济结构偏离 – 份额分析表

市	产业	b'_{ij}	b_{ij}, $0-b'_{ij}$	r_{ij}	$r_{ij}-R_j$	G_{ij}	N_{ij}	P_{ij}	D_{ij}	S_{ij}
南宁	一产(1)	81.49	319.84	0.51	0.13	205.4	31.08	121.99	52.33	174.32
	二产(2)	307.69	1207.74	−0.21	−0.13	−316.66	−24	−94.2	−198.4	−292.66
	三产(3)	410.22	1610.16	0.64	0.087	1295.06	227.424	892.67	174.96	1067.64
柳州	一产(4)	25.28	161.79	0.378	−0.003	70.79	9.64	61.71	−0.561	61.15
	二产(5)	188.01	1203.4	−0.08	−0.003	−113.96	−14.67	−93.87	−5.43	−99.29
	三产(6)	151.19	967.69	0.36	−0.19	403.02	83.82	536.49	−217.2	319.2

第五章 滇黔桂革命老区绿色产业结构升级协同发展机制

续表

市	产业	b'_{ij}	b_{ij}, $0-b'_{ij}$	r_{ij}	$r_{ij}-R_j$	G_{ij}	N_{ij}	P_{ij}	D_{ij}	S_{ij}
桂林	一产(7)	36.46	341.96	0.45	0.07	171.05	13.9	130.42	26.72	157.14
桂林	二产(8)	65.75	616.65	−0.26	−0.18	−176	−5.13	−48.1	−122.7	−170.86
桂林	三产(9)	84.91	769.26	0.42	−0.13	359.05	47.07	426.48	−114.5	311.99
梧州	一产(10)	8.63	127.24	0.44	0.06	59.78	3.28	48.35	8.15	56.5
梧州	二产(11)	44.91	662.46	−0.16	−0.08	−113.17	−3.59	−52.99	−56.59	−109.58
梧州	三产(12)	27.03	398.75	0.37	−0.18	157.54	14.87	219.31	−76.64	142.67
北海	一产(13)	11.44	184.46	0.19	−0.19	39.5	4.35	71.23	−36.08	35.15
北海	二产(14)	37.35	582.78	0.03	−0.05	−80.62	−2.99	−46.62	−31.01	−77.63
北海	三产(15)	23.41	365.21	0.66	0.11	256.5	12.88	200.87	42.75	243.62
防城港	一产(16)	3.12	84.84	0.36	−0.02	31.67	1.19	32.24	−1.76	30.48
防城港	二产(17)	13.48	366.53	0.05	−0.03	−41.8	−1.08	−29.32	−11.4	−40.72
防城港	三产(18)	8.38	227.96	0.26	−0.29	61.45	4.61	125.38	−68.54	56.84
钦州	一产(19)	15.53	217.91	0.35	−0.95	81.7	20.19	283.28	−221.7	61.51
钦州	二产(20)	41.93	588.39	−0.15	−1.31	−94.55	48.64	682.53	−825.7	−143.19
钦州	三产(21)	30.65	430.1	0.73	−0.49	336.34	37.39	524.72	−225.7	298.95
贵港	一产(22)	10.55	150.21	0.35	0.29	65.4	0.63	9.01	55.76	64.77
贵港	二产(23)	25.61	277.74	0.17	0.2	84.17	−0.77	−8.33	93.27	84.94
贵港	三产(24)	23.75	254.15	0.61	0.38	228.39	5.64	58.45	164.48	232.93
玉林	一产(25)	22.97	220.86	0.64	0.4	124.35	1.38	13.25	109.72	122.97
玉林	二产(26)	58.42	468.2	−0.13	−0.16	−121.02	1.75	−14.05	−108.7	−122.77
玉林	三产(27)	58.33	369.68	0.53	0.3	307.38	13.41	85.03	208.94	293.97
百色	一产(28)	12.87	174.34	0.57	0.19	106.71	4.89	66.25	35.57	101.82
百色	二产(29)	53.94	730.83	−0.15	0.07	−117.72	−4.32	−58.47	−54.93	−113.4
百色	三产(30)	26.97	365.5	0.54	−0.01	211.94	14.83	201.03	−3.92	197.11
贺州	一产(31)	3.09	112.61	0.42	0.04	48.59	1.17	42.79	4.63	47.42
贺州	二产(32)	5.13	186.23	0.81	0.89	155.01	−0.41	−14.89	170.31	155.42
贺州	三产(33)	6.16	223.86	0.74	0.19	170.21	3.39	123.12	43.7	166.82

续表

市	产业	b'_{ij}	b_{ij}, $0-b'_{ij}$	r_{ij}	$r_{ij}-R_j$	G_{ij}	N_{ij}	P_{ij}	D_{ij}	S_{ij}
河池	一产（34）	5.97	152.82	0.45	0.07	71.46	2.27	58.07	11.12	69.19
	二产（35）	8.81	225.38	0.26	0.34	60.89	-0.71	-18.03	79.63	61.6
	三产（36）	13.41	343.27	0.45	-0.1	160.5	7.38	188.79	-35.67	153.12
来宾	一产（37）	5.55	153.66	0.23	-0.15	36.63	2.11	58.4	-23.88	34.52
	二产（38）	9.23	255.45	-0.1	-0.02	-26.46	-0.74	-20.43	-5.29	-25.72
	三产（39）	9.15	253.23	0.52	-0.03	136.44	5.03	139.28	-7.87	131.41
崇左	一产（40）	8.24	173.36	0.1	-0.28	18.16	3.13	65.88	-50.85	15.03
	二产（41）	17.3	364.07	-0.09	-0.01	-34.31	-1.38	-29.12	-3.81	-32.93
	三产（42）	15.27	321.42	0.31	-0.24	104.37	8.4	176.78	-80.81	95.97

按照表 5.1，当 b_{ij} 中，0 或 $-b'_{ij}$ 值 >0 时，则代表对应的产业部门为盈余，属于朝阳绿色产业；反之，则表示该产业部门处于大区的平均水平以下，为亏空产业部门。而按照罗斯托的概念，在我国的产业结构中产业的主要特点有：国家占据了重要支配位置，行业份额很大。总体价值很好，与经济关联性很大，对国民经济拉动效应大，提升潜力也很大，但在时间上存在明显阶段性。由此对 2017—2020 年间，按所处经济区的地市的产业结构发展研究结论如下。

（1）桂南经济区中的以港口经济、海洋产业、高新技术经济为开发的绿色发展重点。桂南经济区的 5 个市，由于经济腹地、管理水平、地理位置、发展环境等均良好，从而构成了以高新科技经济、海洋经济、口岸经济为主导的新开发绿色产业局面。从经济总增量和主要产业部门经济增长，以及经济份额和绿色产业结构效应来看，南宁、北海、防城港和钦州第三产业位于前列；南宁的第二绿色产业区域竞争力优势还不够明显，需进一步提升绿色产业竞争力。因此，南宁市第三绿色产业为主导产业，第一产业为重点产业。北海的最大竞争力仍然是第三绿色产业。由于北海地处北部湾沿岸，是一座港口城市，因此近年来的工业势头很不错，而旅游业开发和第三产业发展所创造的经济效益也十分明显，使得北海经济以第二产业发展为主导，三产开发已成为重要的支柱产业。防城港市的第三产业为主导产业，而第二产业则为重点产业。从市场份额分量 N_{ij} 和绿色产业结构效应 P_{ij} 来看，钦州第二产业则位于前

第五章　滇黔桂革命老区绿色产业结构升级协同发展机制

列;而从区域内的份额效果 D_{ij} 来看,第一产业则位于前列。因而钦州市内以第一产业为主导产业,而第二产业则为重点产业。崇左市从经济总增量 G_{ij} 和主要产业部门的经济增长优势 S_{ij} 来看,其第三产业均位于前列,第一产业次之;而从经济份额分量 N_{ij} 和绿色产业结构效应 P_{ij} 来看,第三产业均位于前列;而从区域经济份额效果 D_{ij} 来看,第二产业均位于前列,但第一、二、三产业均为负值,产业区域竞争较弱。而崇左市第三产业均为主导产业,但第一产业则为重点产业。

（2）桂中经济区以制造业为中心。广西桂中经济区的两座县城都以过去的重工业经济为基础,虽然存在着一定的经济发展原因问题,但作为制造业都市的柳州,目前第二绿色经济发展优势正在上升。但由于新型能源技术的发展以及生产技术能力的增强,第二绿色产业发展速度已经开始逐渐超过第一绿色产业。从人口总数量 G_{ij} 和产业部门发展效果 S_{ij} 来看,柳州三产均处于前列,从市场份额分量 N_{ij} 来看,一、三产业均处于前列,但第二数值均为负数;从绿色产业结构效果 P_{ij} 来看,三产均处于首位;从市场份额效果 D_{ij} 来看,第一产业均处于前列,但一、二、三产业均为负数。为贯彻落实科学发展观和国家可持续发展战略,以重工业为主导的柳州市目前正在实施新老制造业基础调整转型工程,从数量上来看,目前柳州市的第二绿色产业发展优势已经明显低于第三绿色产业,不过随着新能源汽车产业的迅速发展,将会更加释放柳州市制造业的活力,所以目前柳州市第二产业发展仍然为主导。来宾市:从人口总数量 G_{ij} 和主要产业部门的规模效果 S_{ij} 来看,来宾市第三产业处于首位,但第一绿色产业和第二绿色产业的数字比较接近;从经济份额分量效果 N_{ij} 和绿色产业结构效果 P_{ij} 来看,第三产业处于前列,虽然第一产业与第二产业数字差距很大,但都是正值;从地区的国民经济份额效果 D_{ij} 来看,第二产业处于首位,但一、二、三产业数字都是负值,在地区的主要工业中竞争优势也相对不足。因而来宾市第三产业一直是主导产业,第二产业是主要行业。

（3）桂北经济区以旅游与农产品资源开发为核心。从产业整体规模 G_{ij} 和产业部门规模效益 S_{ij} 来看,桂林市第三绿色产业居于全区前列;而从产品质量 N_{ij} 和绿色产业结构效益 P_{ij} 来看,政府三产均居于全区第一位;但从区域的市场价值 D_{ij} 来看,第一绿色产业均居于全区榜首,而第二、三产业则居于负值,说明产业缺乏竞争力。但桂林市却因服务业(尤其是旅游业)而知名于天下,这也与其经济的特殊发展定位有关,使得服务业发展相对于其他两大产业份额偏量很大。而随着农村地区观光旅游产业的形成,以及"旅游+农业"的经济开发方式形成,政府第一绿色产业附加值也将得到进一步提升。因而桂林市第三绿色产业发展是主体,其中以第一绿色产业发展为最重点产业。

(4)桂东经济地区的优势主要表现在农业和乡村经济以及外向型经济上,主要因桂东城市与广东省接壤,和珠江—西江经济带整体发展规划的推动,以及城市大都是地处平原和丘陵地带,因此对于农村发展具有较好的地缘优势,这些地缘优势进一步促进了农业外向型的发展。与此同时积极吸收先进的产业技术资源,形成了一批先进的现代农业生产和乡镇企业。梧州市:从地区经济总增长 G_{ij} 和主要产业部门发展效果 S_{ij} 来看,梧州市绿色三产业均处于全区首位;从地区市场结构分量效果 N_{ij} 和地区绿色产业结构效果 P_{ij} 来看,绿色三产均处于全区前列,第二次之;而从地区市场效果 D_{ij} 来看,第一绿色产业虽处于全区前列,但地区实力却远比其他行业要强,二、三绿色行业数值均为负,基本没有区域市场地位。所以梧州市的第一绿色产业是经济主导,而第二绿色产业则是主要行业。贵港市:从社会经济综合能力增量 G_{ij} 来看,贵港市第三绿色产业居于前列,第二绿色产业紧随其后;从社会产业部门功能增量效应 S_{ij} 来看,贵港市第三产业均居于首位,第二产业紧随其后;从社会空间分量效应 N_{ij} 和绿色产业结构效应 P_{ij} 来看,第三产业均居于前列;从市场份额效应 D_{ij} 来看,第三产业均居于首位,紧接着是第二产业。所以贵港市第三产业才是主导,而第二产业则是主要领域。玉林市:从经济总体增长 G_{ij} 和第一绿色产业部门的发展优势 S_{ij} 来看,玉林市第三产业处于全国前列,第一产业次之,而第二绿色产业则为负;而从市场分量 N_{ij} 和绿色产业结构效果 P_{ij} 来看,第三产业处于全国首位,第一绿色产业次之;而从农村地区的市场效果 D_{ij} 来看,第三绿色产业则处于全国首位,第二评价指标值则为负。所以玉林市第三绿色产业才是主导产业,而第一产业则是最主要行业。贺州市:从人口总数量 G_{ij} 和主要产业部门经济规模效果 S_{ij} 来看,贺州市第三产业数量处于首位,紧接着是第二绿色产业;从市场分量效果 N_{ij} 和绿色产业结构效果 P_{ij} 来看,第三绿色产业数量处于首位,而第二绿色产业数据则为负;而从地区经济份额效果 D_{ij} 来看,第二产业数量则处于首位,而第二数据远大于其他两个绿色行业。可知目前第一、三绿色产业发展中仍处在相对弱势状态,虽然绿色第一产业和传统的行业经济增长相对平稳,但第一产业和第三产业的地区实力仍然很强。所以目前贺州市经济中第二绿色产业仍是主导,而第一产业则是主要行业。

(5)桂西经济区以发展稻田种养等绿色行业为重点。从经济总增量 G_{ij} 和产业部门增长优势 S_{ij} 来看,百色市:第三绿色产业均位于前列;从经济份额分量 N_{ij} 和绿色产业结构效应 P_{ij} 来看,第三绿色产业均位于前列,第一绿色产业次之,第二绿色产业数值均为负数;而从区域内经济份额效果 D_{ij} 来看,第一绿色产业均位于前列,第二、三数值均为负数。这与百色市有色金属等绿色产业开发,对该市 GDP 的贡献很大相关。因而百色市将以第一绿色产业为主导产业,第三绿色产业为重点产业。河池市:从总体数量 G_{ij} 和各产业部门的结构发展效果 S_{ij} 来看,第三绿色产业数量处于首位;从市场分量 N_{ij} 和绿色产业结构发展效果 P_{ij} 来看,第三绿色产业数量处于全国前列,但第一产业与第二绿色产业的数据也比较接近;从区域内经济份额效果 D_{ij} 来看,第二绿色产业数量处于前列,但第三绿色产业数据却全部为负数,在该区的行业比较地位并不足。因而河池市的产业重点主要是第二产业,而其中第一产业也是重点行业。综上所述,城市产业结构的发展程度与城市国民经济总体发展程度(G_{ij})密切相关,而绿色产业结构发展程度主要用偏离分量(S_{ij})来衡量。基于以上的计算结果可知,全区各地级市第三产业均属于朝阳产业,并且为地区 GDP 贡献较大,因此均可作为主导产业进行培育发展,广西要在现有的经济发展基础之上抓住新机遇大力发展绿色服务业,以不断地提升产业区域的综合竞争优势。

第四节　云南革命老区绿色产业结构升级机制

由于 2017 年和 2021 年云南革命老区许多地区 GDP 及构成因素的截面数据缺失,难以通过 Shifit-Share 分析矩阵图进行分析。因此,云南革命老区绿色产业结构升级机制采用理论分析。

根据云南省加快建立健全绿色低碳循环发展经济体系行动计划的通知,结合《工业绿色发展规划 2016—2020 年》等相关政策,探讨云南绿色产业结构升级应该加强以下方面的建设。

一、以做强"绿色能源牌"为重点,加快推动工业绿色化转型

做大做强清洁可再生能源发电装机规模,促进源网荷储一体化协调发展。加快推进在适宜地区适度开发风电、光伏发电基地建设。打造金沙江下游、澜沧江中下游、红河流域"风光水储一体化"可再生能源综合开发基地,继续开展大江干流水电站前期研究。促进大中小水电与光伏、风电优势互补,构建智能、高效、绿色、可靠的智能电网。建设智能电网示范城市。发展电化学储能项目。推进"风光储充放"一体化发展。

推进绿色能源和绿色制造产业链深度融合和高端跃升,打造绿色铝高端产业集群,发展高附加值特色产品,向终端铝产品制造延伸,基本实现全部绿色铝合金化,力争全部就地转化为铝材和铸件。打造绿色能源产业集群,把曲靖市打造成"绿色能源牌"先进制造基地、光伏之都核心区,以昭通市为重点加快建设绿色能源产业创新发展示范区,把文山州打造成中国绿色铝谷核心区。发展区域资源整体利用协调发展新模式,充分认识区域优势,促进区域资源整体利用协调发展,实施整体利用协调发展行动计划,促进可再生资源的有效利用和改进工业实践。促进先进和适当的回收技术和设备的推广使用,构建多元化的再生资源产业群,发展各地区可再生能源的利用合作,建立区域可再生能源循环利用体系。实施制造商保修延期制度,并测试电气和电子产品、汽车行业和其他行业的生产者责任的扩展,推动行业逐步标准化,定期公布符合产业标准的企业。聚焦传统机电产品、高品质设备及在用设备等重点领域,实施优质、智能化。实行循环生产方式,促进钢铁、有色、石化、化工、建材等行业的产品制造、能源转换、废弃物利用与回收等产业发展,加强横向融合、生态对接、原材料供应和资源共享行业;鼓励因地制宜在水泥窑内热产固体废物,鼓励造纸工业利用森林残渣和秸秆生产纸浆;促进不同园林循环利用,实现整合和多生产过程,改善资源生产与园区整体竞争力的关系。

二、推进新型工业化道路,大力发展绿色制造业

云南通过转变经济发展方式,促进产业结构转型升级,从而提高产业竞争力是当前经济条件下的迫切需要。也为了加快云南绿色产业化

第五章 滇黔桂革命老区绿色产业结构升级协同发展机制

的进程,增强可持续发展能力,需要根据产业发展的实际情况,提出绿色工业化发展的战略,明确发展的目标和所处的阶段,同时充分挖掘绿色工业化发展的潜力,通过鼓励和支持绿色工业产业园区建设,打造绿色工业产业聚集效应。与此同时,要积极推进绿色工业与信息化的融合发展,坚持市场导向,深入挖掘绿色工业绿色消费的热点和着力开发绿色工业关键技术,同时加强人力资本的管理,提升人力资本的使用效率。着力建设现代绿色工业体系,充分发挥国家重大技术专项的基础功能,有效利用特色项目和重要工业企业的集聚点,积极开展工业创新转型工作,推动国家创新产业园区建设,加速培育发展战略性新型现代工业。推广具有先进和适当技术的配套设备和产品,用于预防和控制工业环境中的土壤污染源和土壤改良技术。加强工业企业生产过程和工艺用水管理,严格执行国家节水配额规定,促进水的重复循环利用,逐步集中工业水残渣和残渣处理。促进开发和使用替代水资源,如介质水、循环水和海洋,支持工业化项目,促进资源的可用性以及收集和用水的综合方法。提高绿色生产工艺。高效、清洁的铸造、热处理、金属涂层焊接、热氧化、热处理等。高效的热工艺,氮氧化物保护性焊接技术,降低能耗,减少污染制造过程的能耗。

三、以做优"健康生活目的地牌"为突破,提升产业绿色化水平

打造大健康产业,发展生态旅游、保健康养等新业态,把昆明市建设成为国内一流、国际知名的旅游目的地和辐射南亚、东南亚的国际旅游集散地,建设国际大健康名城。打造世界一流的文化体验目的地、田园综合体、温泉康养度假区。开发生态旅居、休闲度假、养生养老等新业态,引领带动"医疗+养生""养老+定居"等产业发展。突出路基生态养护和绿化工作,打造移动风光带。健全重点旅游景区交通集散体系,提高旅游村镇公路服务能力,推进通用航空与旅游融合发展。创新交通旅游资源开发利用模式,鼓励发展订制化旅游运输服务,鼓励旅游汽车租赁平台发展,积极发展自驾游、自助游。推进绿色生产和生活更新示范。聚焦非资本运营非资本排放,以产业运输促进产业区消费结构合理化,建立和健全区域资源综合利用体系,促进传统能源向绿色能源消费转变,增强绿色产业区域的资源和能源综合使用效率。加强对居住生活区的生态环境保护,减少饮水源的污染,并加强对水资源污染的防

治,积极推进工业产业绿色生产和管理的转型,促进工业产业节能环保的技术创新,加强新能源装备的绿色改造。同时着力发展节能环保科技实验基地,推进人们的生产和生活绿色化转型,积极打造绿色生产生活的示范区。建立和完善区域资源和工业能源绿色利用指标体系,对照指标体系降低污染物排放,加强资源绿色约束、环境准则和标准,为云南绿色产业发展提供新的思路、新的途径和新的思路。强化科技与管理的创新,引导产业向绿色、低碳方向发展。对示范城市的成功经验与实践进行总结,形成了独具特色的绿色消费转型模式,促进了人们绿色生活转型。

四、深入实施节能降碳行动

科学开展能耗"双控"考核,新增可再生能源和原料用能不纳入能源消费总量控制,创造条件尽早实现能耗"双控"向碳排放总量和强度"双控"转变。对照高耗能行业重点领域能效标杆水平和基准水平,科学有序做好重点领域节能降碳技术改造,坚决遏制"两高"项目盲目发展。持续开展钢铁行业超低排放改造,以现存规上工业企业为重点,加快实施钢铁、石化、化工、有色、建材、造纸等行业绿色低碳改造。鼓励企业开展绿色设计、选择绿色材料、实施绿色采购,推行绿色制造、绿色包装、绿色运输,做好废弃产品回收处理,实现产品全周期的绿色环保。在重点产业中,筛选出一批具有较大减排潜力、较高成熟度、较先进且具有较高性价比的大规模低碳技术,并加以推广,以促进产业中的工业碳浓度下降。监控工业生产过程中产生的温室气体。专注于减少二氧化碳、亚氮、碳氢化合物、多氟碳化物、有机硅、水泥、钢材、石灰、碳化钙、己二酸、硝酸、化肥、制冷剂的使用;在工业生产过程中,减少温室气体的排放等,促进水泥生产原材料的替代,充分利用水泥生产中产生的非碳酸原料,减少生产过程中的二氧化碳,在节能减排方面,大力推行以碳为主的产品更新换代,用新型低碳水泥、新钢铁、新可再生钢铁等替代,实现节能减排目标。创建一个实验性的园区,将新型工业化的产业示范站与之结合,强化对低碳产业园区的建设,构建一个低碳产业园区的国家指导方针,对园区的碳排放记录进行编写,并对园区内的企业进行碳排放交易。对低碳企业进行测验,并引导其执行低碳发展计划,逐步制定低碳企业的评价标准、催化剂体系、防范指标和策略,促进低碳企业的发展。

第五节 贵州革命老区绿色产业结构升级机制

由于2017年和2021年贵州革命老区许多地区GDP及构成因素的截面数据缺失,难以通过Shifit-Share分析矩阵图进行分析。因此,贵州革命老区绿色产业结构升级机制采用理论分析模式。

一、加快构建绿色制造体系

坚持生态优先、工业绿色发展,严格执行绿色准入,把绿色作为底色、积极构建绿色制造体系。为加快建设国家生态文明试验区,积极推进绿色制造体系建设,促进工业绿色发展和转型升级,打造高效、清洁、低碳、循环的贵州绿色制造体系。统筹推进绿色产品、绿色工厂、绿色园区和绿色供应链全面发展。通过创建一批清洁生产示范企业,围绕绿色经济培育主导产业,开展大宗工业固体废物综合利用专项行动,以及实施绿色制造产业关键核心技术联合攻关等举措,全力打造工业经济"升级版",为实现产业结构更优化、更协调的发展格局奠定坚实基础。大力发展产业级存储的云业务,并将其应用到中小型企业的能耗管理中去。转变能耗监管模式,鼓励在园区和区域建立能耗监测体系,建立预警检测和预测方法。提倡绿色的生产风格。利用来自互联网、手机和云的数据,构建共享经济模式,鼓励向有机制造过渡,鼓励原材料供应、产品生产和销售,精准信息生产能力、技术、人力资源和生产共享等方面绿色化研究,优化成本效益资源,为加快公司智能环境数据分析系统的创建,实施生态环保项目。在此基础上,开展大规模适配、网络化协作制造,以降低生产与销售过程中的资源浪费。推动电子商务企业的直销,或者是与实体企业进行合作,来宣传环保产品和服务。同时,还可以通过互联网来促进有机产品的销售,来满足不同代理商在生态环境中的多种消费需求。通过线上线下结合等方式,培养绿色消费习惯,提高居民对绿色消费的认识,改变资源回收方式。大力发展"互联网+"的新型循环经济,支持物联网和大数据技术的信息收集、数据分析和流量监测,支持企业和互联网循环经济的合作,促进电子商务的发展,扩大循环经济的应用范围,实现循环经济的快速发展。利用物联网技术,如电子标签、二维码等,对 WEEE 流量进行监测。

二、促进绿色改造提质增效

促进绿色产业绿色技术改造,很重要的是要促进生产要素进行质量的提升,生产要素质量的提升关键是采用先进的技术并将其渗透到各个生产要素之中,特别是对生产要素中人和物要用现代科学技术进行改造,要提高生产者和管理者技术水平和业务能力,尤其要掌握绿色生产和管理的技术和技能,提高生产人员和管理者绿色生产理念。对于生产要素中物的要素,包括生产的设备,要进行设备的技术改造,使用能耗少,排污低的设备,对生产车间和生产流水线也要进行绿色化改造,总之要对企业的生产过程和生产要素,实施全过程、全方位的绿色化改造。

促进企业产品结构向多元化转变。产品转向多样化生产有利于促进绿色产品的生产,因为单一化的产品结构市场竞争力相比多元化产品的结构要低些。另外,多元化企业的获利能力越强,企业进行产品绿色化生产经营的资金便越足,企业产品绿色化比重越高,产品的附加值便越高,能力比单一产品结构的获利能力强,企业实施多样化生产经营越能促进企业加快生产科技含量高、资源消耗低、环境污染少的产品,越有利于实现生产方式由粗放型向集约型生产方式转变,越有利于实现生产方式绿色化转型。在深入实施传统产业绿色化改造的同时,要不断提高产品绿色化水平,产品绿色化水平越高便能大幅降低产品的单位综合能耗。当前应加强对新能源汽车、新材料生产、储能产业等领域的产业进行绿色化改造,促进绿色产业快速成长。与此同时,重点加强那些能源消耗高的产业,应用先进适用技术和现代信息技术对其进行绿色化改造,加快这些产业和企业的技术升级,运用绿色化技术对这些企业的设备进行更新,使用数字化技术和绿色低碳经济改造这些产业和企业的生产设备、生产环境,实现这些产业的绿色经济效益、绿色社会效益、绿色生态效益同步提升。强化对强制性标准的监督与评价,对其实施成效进行审计,并建立相应的统计与报告体系,制定评估办法,积极推进企业自主评估、社会评估、政府指导的绿色产品评价工作。推进构建面向不同行业的绿色指标体系和评价方法,研究构建不同产业绿色生产技术指标和绿色生产环境指标。推动企业以自主评估、社会评估、政府指导等方式建立企业绿色生产评估制度。为了推动上面评估体系落地,需要为有关评估主体提供相应的绿色指标体系和开发相应的评价方法和工具。尤其对于绿色企业"绿色生产"和"绿色产品""绿色菜园"以及"绿色供应链"等形成的评估,要着重在评估模式方面进行创新,对绿色供应链重点领域开展绿色咨询、绿色测试、绿色鉴定、绿色审核和服务等,继而为落实绿色评估包括绿色企业、绿色生产、绿色消费等提供解决方案。加强绿色考核成果落实,确保能效、用水效益和环境领导制度落到实处,逐步建立考核成果与绿色消费联动体系。

促进建立一个关于生态影响的数据库,涵盖资源使用、能源消耗、污染物和温室气体排放以及工业产品在整个生命周期对人类健康的影响等方面。加快建立和完善包括钢铁、有色金属行业和造纸与印染行业等行业的绿色材料库和资源库,健全电子信息行业、建筑行业和制造业中的生产物料流绿色化处理,同时抓紧推进能量流数据库、绿色加工库、知识库、价值数据库的建设。此外,还要加强绿色产品和绿色技术的监测信息系统的建设。对于货物的运输,重点构建绿色货运信息量和供应链协同效应机制。同时鼓励推广新服务,同时鼓励各类企业和当地科研院所共同开发绿色服务和绿色技术,加强绿色产品和绿色技术研发中心机构建设,包括共同建设研发中心和实验室以及绿色技术检测中心。

促进科技创新骨干开展绿色创新产品和技术创新,推动创建各种大绿色制造技术知识产权储备与商业技术中心,抓紧创建工业企业绿色创新联盟的创新平台,鼓励社会各界人士进行绿色消费,并将绿色消费理念融入人们的日常生活中。特别要建立事关区域绿色产业发展的重大绿色制造技术和绿色知识产权储备机制,建立和健全绿色产业专利技术的保护机制,打造区域绿色制造技术和知识的专利库,建立健全绿色产业知识产权交流渠道。

促进绿色服务市场化,加强绿色产业企业之间关于绿色生产项目、绿色技术评价和绿色绩效提升以及信息交流,促进企业、中介机构和金融机构之间的绿色管理交流,促进企业之间绿色营销方法和绿色信息技术的共享,加强企业之间的绿色培训、绿色问题的解决方案之间沟通。

加快实施绿色产业和企业制定绿色生产和绿色管理、绿色咨询和绿色信息等绿色服务体系的建设。

三、加强生态园区建设,释放产业发展活力

坚持生态优先发展,以生态美为目标,以发展绿色产业释放"生态红利"。着力打造一批绿色园区、绿色企业,推动贵州工业走绿色发展之路。在园区发展中,专注优化功能分区,坚持集约节约发展,坚持生态优先突出绿色发展。秉着有序、高效、集约、节约的原则使用园区土地,优化工业园区功能分区,推动园区内主导产业创建绿色工厂、开发绿色产品、建设龙头企业绿色供应链,走出一条绿色、环保、高端、智能化发展道路。以农业现代化做强特色产业基础,以农业工业化做优绿色工业体系,融合服务产业化做深产品链条,形成粮油、酿酒、中药材、农产品深加工等特色食品产业。

四、建设高质量绿色低碳循环园区

立足资源环境承载能力,合理确定园区发展目标和发展方向,持续优化重大生产力、重大基础设施和公共资源布局,促进园区土地集约利用、产业集聚发展。提升产业园区循环化水平。科学编制新建产业园区规划,严格能耗、水耗、物耗、环保、产业循环链条等准入标准;着力推动既有园区循环化改造,编制"一园一策"改造方案,促进园区内产业循环耦合,推进园区能源梯级利用、污水收集处理及回用、固废处置及资源化利用等环境基础设施共建共享。鼓励化工等产业园区配套建设危险废物集中贮存、预处理和处置设施。推进工业厂房屋顶分布式光伏发电和储能系统建设。建设绿色生产企业,促进绿色植物生产,将原材料按安全、清洁生产、废物回收和低能耗一氧化碳的原则进行分类。根据"绿色化"的标准进行厂房的建设、维护和管理,使其充分使用土地资源。鼓励企业使用清洁的原材料,并将所有材料分开和堆叠,以防止污染。绿色低碳循环是个复杂的系统工程,涉及方方面面的工作,绿色低碳循环的工程从技术需要使用较高级别中断处理技术和清洁制造技术,利用这种先进技术可使资源和水以及固体物质最大限度降低污染,促进企业和居民最大限度减少噪声的危害,创造良好的工作场所和绿色居住环

第五章　滇黔桂革命老区绿色产业结构升级协同发展机制

境。另外,多数的生产经营企业普遍采用热电联生产技术来提高能源的利用率,同时建立健全余热回收系统,这种系统能够对生产技术设备产生的废热进行回收,从而提高企业利用再生能源的比例。为了进行低碳循环系统的改造,很多企业通过设计和建立储能系统和智能微电网来推进生产过程的绿色化和绿色产业园区建设。通过低碳循环系统的建设实践告诉我们,着力推进绿色产业园区和绿色产业集群对于区域低碳经济的良性循环非常重要,同时加强绿色产业生态发展和服务平台建设,对于促进绿色低碳循环也非常必要。因此,加强绿色低碳循环工程的建设有利于提高生产企业污水废渣处理,促进生产企业各类设备的生态转型,提高和改善生产企业的废物处理、循环和回收能力。

此外,绿色低碳循环系统的建设能促进园区内部不同企业排放的污染物质责任的划分,通过责任的划分可以提高不同生产企业的绿色生产意识,同时有利于企业之间绿色生产的合作,有利于企业之间绿色原材料互通和绿色资源共享。绿色低碳工程建设必须建立对资源与环境监测机制,加强对绿色基础设施建设,创建绿色信息、绿色科技、绿色服务等绿色经济的平台和绿色的供应链。加强对汽车行业、电子和通讯产业,以及机械装备行业的绿色低碳循环系统建设,同时加强绿色供应链上下游企业绿色产品和技术的相互交流和支持。

需要特别指出的是,要强化企业在经营哲学和企业文化上进行绿色环保意识的宣传,企业在经营理念上要强调在保证产品质量的基础上,最大限度地将资源和环保贯穿于企业的采购、生产、营销等生产经营的各个环节。同时强调企业要对绿色原材料和绿色零部件进行信息化监控管理,倡导和鼓励各类企业将绿色理念、绿色制度和绿色标准,以及绿色管理充实到企业的管理基础工作中,在企业的文化方面培养企业文化,提升企业绿色产品品牌竞争力。同时引导企业建立一套绿色管理制度体系,包括企业的资源和能源、企业的环境和生产安全等为内容的绿色管理体系。同时在企业产品的研发和设计、物资的采购和产品的制造以及产品的销售和服务等全过程进行绿色化管理。为了提高绿色产业的竞争力,绿色产业应该创建拥有自主绿色品牌和绿色核心技术的核心企业,这种核心企业应引领该绿色产业走向可持续发展。

五、提高能源密集型绿色产业的生产能力

把钢铁、石油、建材、有色金属等行业作为重点,积极运用环保、能耗、技术、劳动、质量安全等标准,解决产能问题。加快发展先进制造业向低能耗低污染发展转变。积极发展高附加值、低消耗、低排放的产品。积极推动工业用能的绿色低碳结构转型,鼓励企业对可再生能源进行开发利用,加速建立工业企业分布式能源中心。从煤炭转向天然气或可再生能源。开展燃煤洁净有效的工作,在焦炭岩、煤化工、工业锅炉等主要用煤方面,推动燃煤洁净、高效、优质应用。推动低效余热和压缩能源的生产、区域供热和回收利用,推动钢铁、化工等工业中的低效余热向居民供热,推动工业与城市的融合。对工业园区进行节能改造,提高新能源的利用率,发展集中供暖、集中空调。

我们要通过以能源管理系统为核心,改善能源管理和节能。在电解铝和水泥行业实施强制性能源消耗标准,并实施分层电价和不同电价等价格政策。促进龙头企业构建能源管理系统,并将能源管理系统与企业的整个生产流程相结合,定期进行能源测量,进行能源审计,进行能效分析和对标,挖掘出节能的潜力,进行长期的建设。将重点放在工业型中小企业的节能管理上。对中小企业进行能源管理的知识和技能培训。加强对工业能源的节能管理,实施强制性能源消耗制度,实施能源效率标准,淘汰旧能源设备,实施专项控制重点行业和企业的能源消耗,严格执行《节能法》和《工业节能管理办法》。

第六章　滇黔桂革命老区绿色农业协同发展

第一节　相关文献回顾

从现有文献梳理来看，近些年学者从不同角度对绿色农业产业进行了研究。田芳(2018)从农业发展实践和调查中分析制约农业发展的各方面因素并提出相关建议；刘蓉(2020)等从分析企业、政府扶持方面对绿色农业的影响入手，认为支持新型农业经营主体，发挥农业龙头企业的示范带头作用对发展现代绿色农业有重要意义；雷昌林从农旅发展方面的思路出发，认为农旅融合是绿色农业的必由之路；[63]邹家文从贵州遵义市提出只有促进现代绿色高效农业发展，才能促进农业高质高效、乡村宜居宜业、农民富裕富足；[64]滕明雨等从现代绿色高效农业的理论，认为农业发展的长期选择是根据市场需求，依托地区优势，因地制宜地发展优质、高效农产品，按照比较优势原则确定农业的发展战略与方向；[65]张兴敏从电子商务优化农业结构的研究中，认为电子商务深刻地影响着其他产业生产方式，是产业结构升级的重要驱动力，有助于精准对接市场，指导农业生产，提高交易效率，降低交易成本，实现农业现代化的同时帮助农户创收；[66]苏一青等从生态资源角度谋求绿色农业发展的思路，认为发展绿色农业是农业发展的必然趋势，且发展绿色农业能提高农民收入，是农民再就业的重要途径，要想发展好绿色农业必须提高科技水平，同时也要保护好当地绿色资源，并且要与绿色旅游相结合；[67]黄姗在农业金融理论、经济增长理论、产业优化理论等基础上，对农业产业链发展和农业金融发展现状进行描述，提出完善金融

滇黔桂革命老区绿色产业协同发展机制与路径研究

扶持农业政策体系、优化农业产业链融资服务、加强金融产品的改进创新,整合优化农业产业链、加强农业信贷全流程的信用管控等建议;[68]田友明等在研究乡村振兴战略视阈下绿色农业庄园发展模式中,提出产业建设、运作策略及支持保障策略,并提出相关存在的问题及解决策略;[69]熊德斌在领会新理念推动绿色农业创新发展的过程中,认为创新是绿色农业现代高效发展的源动力,绿色农业的新发展需要理论创新。[70]

为了进一步考察绿色农业发展思路,从社会生态的新视角出发,以滇黔桂革命老区绿色农业及其细分行业为例,测度绿色农业及其细分行业的灰色相关性。绿色农业发展建立在社会生态学基础上,社会生态学主要研究生物、社会与环境的关系,与社会生态有关的两种理论是生态经济学理论和可持续发展理论。经济社会包括许多子系统,其中生态、经济和社会是非常重要的三个系统。生态系统提供的资源和能源可以保证经济和社会系统中各种生物的存在和发展;经济系统可以提供足够的生产和生活材料来满足人们的物质需求,并构成生态系统和社会系统的物质基础。生态和经济体系的有序发展有助于社会制度的和谐稳定,因此,社会要想实现和谐可持续发展,就必须为社会发展改善环境。社区架构,即确保三个子系统的健康、可持续性和稳定性。刘仁鹏认为高效农业能实现农产品高品质和优质价格,但是想实现这一目标要先破解销路不畅、劳动力短缺等难题[71],并以重庆市巫山县对果品等主导产业进行数字化体系建设的事例进行了详细的分析,发现数字化体系建设为提高该地区水果产业的品质做出了有效的贡献。简健平等通过对渝北区发展现代山地绿色农业的探索,总结出以规模化、机械化、智能化、组织化、品牌化、信息化、景观化为目标,实现山地农业高质量发展的一系列方法。[72]发现新的生产模式,总结发展经验,加快地方现代高效智能农业体系创建;屈婷婷等以广西现代绿色农业示范区为主要研究对象,选取广西典型示范区代表展开实地调研,了解示范区主导产业的建设现状、分布、存在的问题等作总结分析,并提出相应对策,为广西现代绿色农业示范区的后续创建、经营管理工作提供有价值的参考;[73]蔡沁男等采用灰色关联分析法,以 2009—2019 年海南省农业内部各产业经济数据为样本,对当地农业产业结构进行研究。[74]研究发现,海南省农业内部各产业与农民年人均可支配收入和海南省农业总增加值均存在极大的相关性,其中农林牧渔服务业、牧业与农业总增加值与农民年人均

第六章　滇黔桂革命老区绿色农业协同发展

可支配收入的关联度最高。海南省农业产业结构同国内外农业产业结构演进趋势相比,存在一定的不足;结合研究结论,提出进一步优化农业内部产业结构建议,为海南省优化农业产业结构提供有价值的参考;张兴敏等利用2003—2018年贵州省农业产业数据,实证考察了电子商务对贵州农业产业结构调整的影响。西南山区孕育着独特的社会文化与自然生态,承载了中国传统的人地互动的经典实践;[75]尹铎、朱竑以西双版纳热带山地的普洱茶生产与云南丽江高寒山区的玛咖种植为案例,分析并回溯两种绿色农业扶贫计划实施的机制与过程,呈现并比较绿色产业扶贫带来的乡村发展效应;[76]周欢等通过对贵州省现代山地绿色农业发展路径和制约贵州山地高效农业发展的五个因素进行分析后,有针对性地提出积极推动贵州现代山地绿色高效农业发展的五项对策措施;[77]赵浪等通过探索贵州丘陵山地农业机械化发展的模式,为贵州省丘陵山地农业机械化发展提供策略,从而推动贵州丘陵山地农业机械化的快速发展,实现农业现代化;[78]徐曼等对贵州省内的山地农业机械化发展模式进行了研究,论述了推进贵州山地农业机械化模式优化的有效路径。[79]

第二节　广西革命老区绿色农业发展分析

一、广西革命老区绿色农业产业内部关联分析

近年来,广西的水果产业蓬勃发展,为全区脱贫攻坚提供了有力帮助。百色芒果是当地群众脱贫致富的重要支柱,种植一亩芒果就意味着让一户农家脱贫。桂林、柳州一带的果农因为种植紧俏的砂糖橘而增收不少,甚至有人说"财政局、税务局不如半亩砂糖橘"。南宁的沃柑已经成为市场的高端产品,也吸引了众多消费者。而钦州的荔枝、河池的李子、贵港的百香果等产业,也成为当地农户致富的"摇钱树"。推进农业农村现代化是全面建设社会主义现代化国家的重要任务。在过去的10年中,广西出台了许多关键性的方针政策,推进了一系列重大改革措施,促进了农业强区的建设,推动农业农村实现了历史性的成就和变革,取得了重大的成果。广西不断加强农业基础建设,进一步调整产业

结构、提升产业质量、加强农业品牌建设,全力发展壮大特色产业,热情描绘了乡村振兴的新景象。扎实推动乡村产业、人才、文化、生态、组织振兴,全方位夯实粮食安全基础,坚定地守住18亿亩耕地红线。同时,农业深化了农村土地制度改革,赋予农民更加完整的财产权利。

以下数据来源于中经数据、科技厅和农业厅、国家统计局、百度、广西统计局和广西政府网

通过查询有关资料并通过计算可得广西革命老区绿色农业生产总值,运用灰色关联分析方法计算滇黔桂革命老区绿色农业内部产业关联度,计算过程如下。原始数据整理见以下各表。灰色关联度理论认为关联度越接近1,说明关联程度越大。一般将其分为4个程度:关联度很低的区间范围是0-0.4;中度关联区间为0.4-0.6;高度关联区间为0.6-0.8;极高关联区间为0.8-1。我们发现三个地区的关联度都是0.6以上,说明各地产值对该地绿色农业生产产值影响较大,关联度较高。

表6.1 广西革命老区绿色农业产值(亿元)

年份	绿色农业生产总值	农业	林业	畜牧业	渔业
2017	4698.71	2538.87	346.43	1128.57	470.94
2018	4909.24	2717.48	379.86	1072.32	504.29
2019	5498.81	3102.27	410.54	1189.68	538.93
2020	5913.28	3268.8	437.36	1423.75	508.3
2021	6524.39	3690.73	538.1	1437.58	555.06

表6.2 广西革命老区林业、畜牧业、渔业对绿色农业发展的关联度

评价项	关联度	排名
农业	0.95	1
林业	0.641	4
畜牧业	0.714	2
渔业	0.649	3

根据关联度计算方法,得到广西绿色农业内部各关联产业关联度排名为农业>畜牧业>渔业>林业,见表6.2,林业在绿色产业中占比较低的原因与广西目前种植大量桉树有关。桉树为经济特色树,有利于当地居民增收和经济增长,但是不利于广西内地的绿色产业环保发展,在今后应该实施可持续发展策略,因地制宜,合理布局,避免生态资源的

浪费。渔业在绿色产业中所占比例也不高。渔业虽然是广西农业和海洋经济的主导产业,但在优质品种体系、设施设备、发展空间、产业布局等方面存在问题。要使渔业在广西内陆绿色产业发展中发挥作用,就要建设好品种体系,增强水产良种培育和推广应用能力,完善渔业装备,保证渔业发展的活力、质量和效益。它必须加强科研创新体系建设,增强产业支撑能力。加强水产品加工,建设现代化流通网络。实现渔业功能发展和产业融合发展,促进广西渔业高质量发展。广西畜牧业在绿色产业中占有较高的比重。然而,在其发展过程中,出现了养殖污染、养殖技术、防治等一系列问题。应通过加强传播和市场监管,积极推进盲病防控措施,提高家禽成活率。此外,为畜牧业规模化、现代化、产业化打下良好基础,也可以提高畜牧业在绿色产业中的比重。广西农业因其地理位置、气候、环境和自然资源等原因,在绿色产业中所占比例最高。广西农业要实现可持续发展,必须探索新的经营模式,发展适度规模经营,提高农业生产力,发挥区域优势,提高农业产业链健康度。

二、广西革命老区绿色海鲜渔业产业结构分析

考虑到广西海洋产业占据广西经济重要性地位,本节内容着重分析广西海洋绿色第一产业(相当陆地第一产业)的海鲜渔业产业结构。

(一)海洋渔业产业结构分析

广西绿色海洋渔业资源丰富。科技合作是广西发展的重要经济产业。加强广西绿色海洋渔业发展,对实现广西绿色农业可持续发展意义重大。为更方便对数据进行分析,现收集整理了2009—2019年的广西海洋渔业信息。2009年广西渔业增加值66.6亿元,增长5.1%。水产品产量112.6万吨,增长4.9%,其中淡水和海水产品产量分别为48万吨和64.6万吨,分别增长7.6%和3.1%。根据《2020中国渔业统计年鉴》数据显示,2019年广西渔业经济总产值为924.9亿元。其中,海水养殖产值为2328392万元,占比41.16%;淡水养殖产值为1921870万元,占比33.98%;海洋捕捞产值为1052349万元,占比18.6%;淡水捕捞产值为86702万元,占比1.53%;水产苗种产值为266972.83万元,占比4.72%。(数据来源:广西统计年鉴、广西政府网和海洋产业行业统计数据)

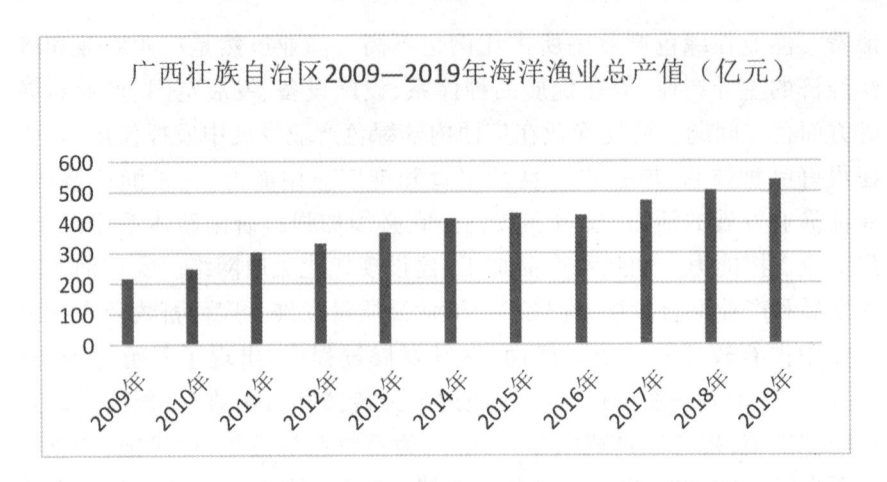

图6.1　广西壮族自治区2009—2019年海洋渔业总产值

(二)海洋捕捞业产业结构分析

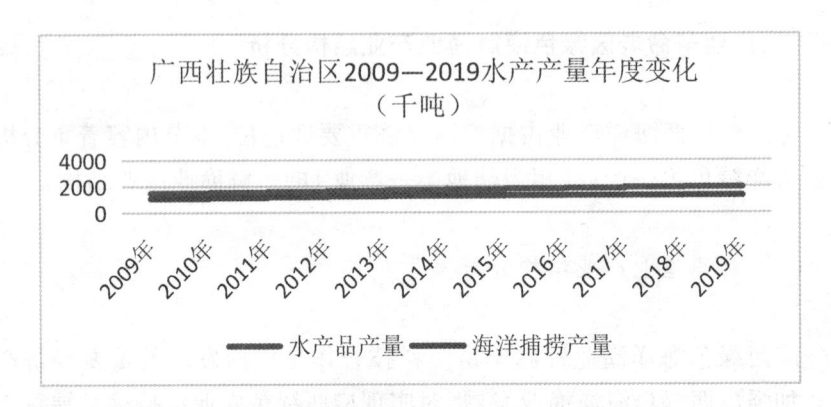

图6.2　广西壮族自治区2009—2019年水产产值

为有效降低捕捞强度,保护绿色海洋渔业资源,实现渔业可持续发展。自治区财政厅和原自治区水产畜牧兽医局联合印发了《广西壮族自治区2015—2019年度国内渔业捕捞和养殖业油价补助资金管理办法(试行)》(以下简称《管理办法(试行)》),对补助资金的性质、补助对象以及补助对象应符合的条件和补助资金的核算、申报和审核、下达和拨付、监管等进行了规范。《管理办法(试行)》的出台,对规范国内渔业捕捞和养殖业生产成本的一般性转移支付资金管理,保障渔业生产者的合法权益发挥了积极作用。这既加大了渔业用油补贴改革力度,遏制了

第六章　滇黔桂革命老区绿色农业协同发展

非法捕捞,又彰显了政策性补贴资金发放的公平公正公开。从图中可以看出从2014年起,捕捞产量明显呈缓慢发展趋势,反映出捕捞产量在一定程度上得到控制。

（三）海水养殖业

海水养殖业的发展状况决定了"蓝色粮仓"有效库存丰裕程度,是"蓝色粮仓"建设最关键的支撑产业。对于广西北部湾地区而言,其海域生物资源十分丰富,栖息鱼类、虾类分别有500余种、200余种。著名的合浦珍珠就产自这一海域,还有我国唯一的大型天然大蚝采苗场——茅尾海大蚝天然采苗场;北部湾海域是我国少有的能达到一类海水质量标准的近海海域,具备生产绿色食品的基本条件。可以达到以下两点来对挂丙烯海水养殖业进一步的发展:第一,巩固传统产品,推进多元发展;第二,提高技术水平,加大投资力度。

据统计,2009年广西近岸海水网箱养殖总面积达248万平方米,总产量达8550吨,总产值为2.3亿元。直至2019年,广西海水养殖产值达到2328392万元,淡水养殖为1921870万元。2019年防城区水产养殖面积约6.8万亩;全区水产品总产量为14.9万吨,其中海洋捕捞产量2.41万吨,海水养殖产量10.93万吨,淡水渔业产量1.56万吨,渔业总产值23.7亿元,占全区农业总产值的35.82%,在农业中占据重要主导地位。尤其是对虾、大蚝、金鲳鱼、罗非鱼等为主的特色养殖业蓬勃发展,全区建成深海抗风浪养殖网箱470多口。

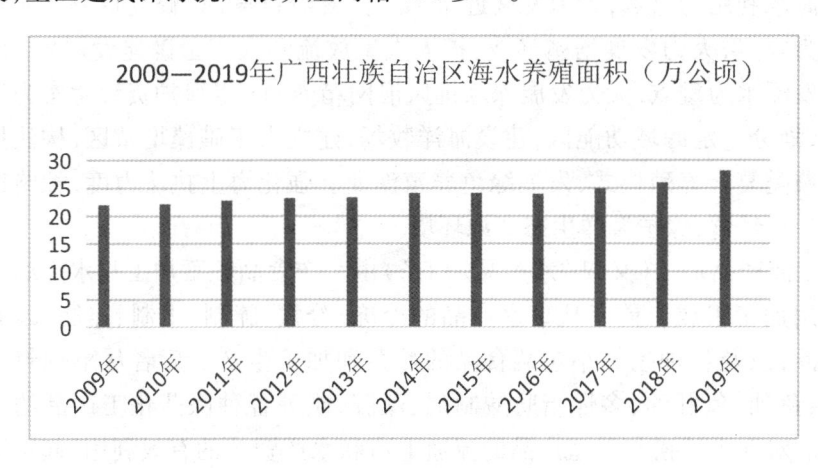

图6.3　广西壮族自治区2009—2019年海水养殖面积

2009—2019年广西壮族自治区海水养殖产量（万吨）

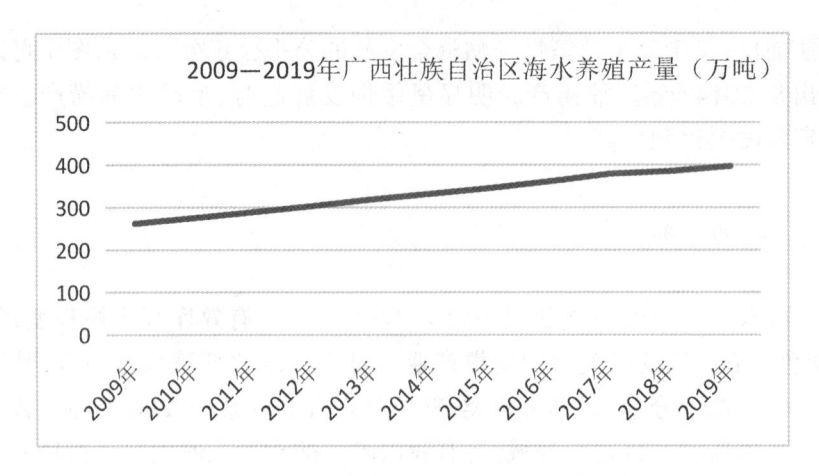

图6.4　广西壮族自治区2009—2019年海水养殖产量

从2009—2019年的海水养殖面积可以看出，每年的海水养殖面积都在稳步增加，说明广西的海水养殖面积充足，海洋养殖业有很好的发展趋势，可以成为带动广西经济发展的产业之一。但养殖生产发展方式仍以粗放式为主，而规模化、工厂化、集约化、标准化以及循环利用、生态环保等发展方式推广应用不多，存在高耗能、高排放现象，粗放式养殖数量过多会导致环境造成一定的影响，应注意管控。依赖资源消耗型的传统渔业不符合现代渔业的发展要求，大力发展碳汇渔业，探索清洁养殖、立体养殖模式、工厂化封闭或半封闭养殖模式，实现渔业资源的循环利用、清洁再生产。

以滩涂水域为重点，发展推广标准化、规模化健康养殖模式；以循环海水利用为重点，大力发展近岸工厂化集约养殖；以修复近海渔业资源为重点，大力发展增殖渔业，扩大人工放流和人工鱼礁建设规模；以开发深水为重点，大力发展深水抗风浪网箱养殖；以保护资源生态为重点，划分一定海域功能区，建设海洋牧场，建立人工礁藻增殖区，构建贝类藻类复合养殖模式，发展绿色养殖渔业。强化海上执法力度，杜绝违法生产经营，保护海洋生态资源环境。

海产品加工（又叫"水产品加工"）由水产食品贮藏加工与水产综合利用加工组成。前者从事水产品的冷冻、冷藏、腌制、干制、熏制、罐制食品，以及各种生熟小包装食品的贮藏和加工生产。后者从事饲料鱼粉、鱼油、鱼肝油、多烯脂肪酸制剂、藻胶、碘等各种医药化工产品的生产。对促进捕捞与养殖产品的流通上市和水产资源的有效利用，起着不

第六章 滇黔桂革命老区绿色农业协同发展

可缺少的作用。

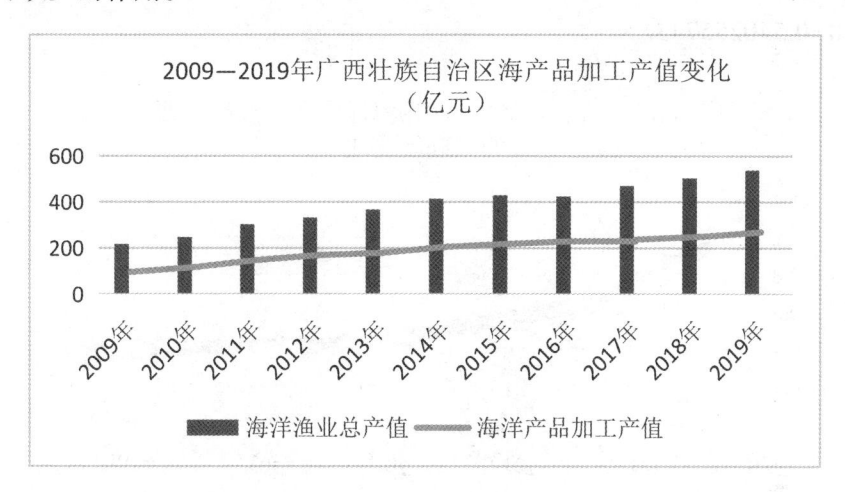

图6.5 广西壮族自治区2009—2019年海洋渔业和海洋加工业产值

从上图可以看出,广西的海产品加工产值呈上升趋势,说明海产品加工业的发展态势好,但广西目前渔业产业经济结构并不合理,第一产业占比例大,加工业和服务业滞后,可以再开发海产品加工业的未知领域。例如,海鱼产品在加工的过程中,必然会产生大量的下脚料(包括鱼头、鱼皮、鱼鳍、鱼尾、鱼骨及其残留鱼肉)。有的企业和科研院所已经利用下脚料加工成下脚料粉用于饲料,研制成风味鱼骨酱,开发成下脚料多肽营养液、超微鱼骨粉和保健鱼油等。山东省威海市对牡蛎壳进行加工,制作天然多功能土壤调理剂,不单解决了海产品壳骨废弃物造成的污染,而且生产出的调理剂可以有效改善农业长期使用化肥造成的土壤板结、退化、农产品品质低下等问题。又如,可向海洋生物制药及保健领域发展,广西目前生物制药及相关产业总值为2.80亿元。其主要研发代表产品有海蛇药酒、鲎试剂、珍珠精母注射液、珍珠明目滴眼液、海藻素降糖脂药物、珍珠免疫生长调节剂产品等。

(四)广西革命老区海洋渔业产业结构灰色关联分析

选取海洋渔业三个主要构成要素进行灰色关联分析,以判断不同产业与海洋渔业发展关联程度。其中,渔业总产值为参考序列,海洋捕捞产值、海水养殖产值、海水产品加工产值三个变量为比较序列。根据上述方法得出关联度数值如下：1R=0.561090311，2R=0.540313862，3R=0.540255743。

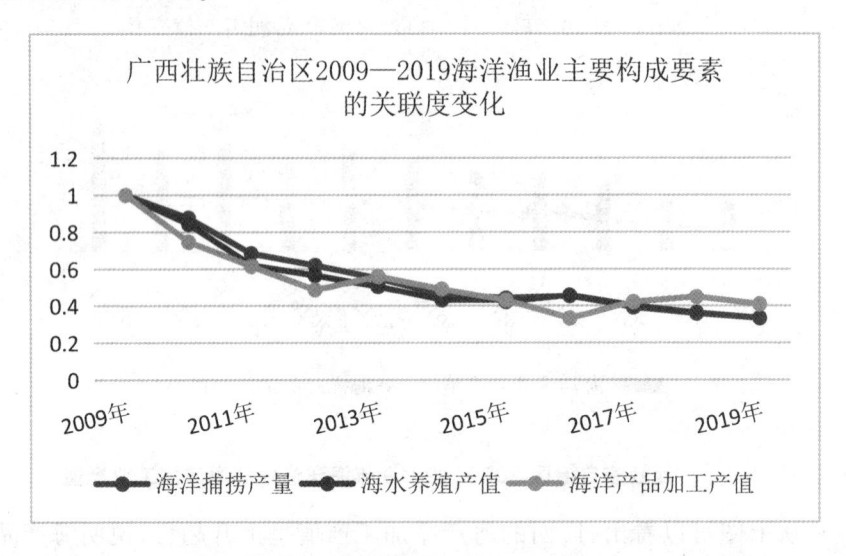

图 6.6　广西壮族自治区 2009—2019 年海洋渔业主要构成要素变化

由上述计算可知，在海洋渔业的三个主要构成要素中，对广西壮族自治区海洋渔业发展影响程度从大到小依次为：海洋捕捞产值＞海水养殖产值＞海水产品加工产值。

为有效降低捕捞强度，保护海洋渔业资源，实现渔业可持续发展，自治区财政厅和原自治区水产畜牧兽医局联合印发了《管理办法(试行)》。2014 年起，捕捞产量明显呈缓慢发展趋势，但结合图 6.6 广西壮族自治区海洋渔业主要构成要素的关联度变化可知，海洋捕捞业对广西壮族自治区海洋渔业发展影响程度仍较大，总体趋于稳定。

其次是海洋养殖产业，从近年来的海水养殖面积来看，广西的海水养殖面积每年都在稳步增加，海水养殖面积充足，且从《2016 年中国近岸海域环境质量公报》的数据来看，广西海水质量在全国首屈一指，适宜海水养殖的一类水质占整个海水比重近 90%，这一比重甚至超过以海水质量优质著称的海南。海洋养殖业有很好的发展趋势，总体也呈缓慢发展的趋势。

影响程度较小的是海洋产品加工产业，在 2012 年和 2016 年出现过较大幅度的产值下降，主要的原因有小型企业多、设备陈旧、工艺落后、产品竞争乏力；水产品加工出口，无过多技术含量，因缺乏自主品牌，附加值低；很多加工出口产品单一，得不到国际公认，受阻于国门之内，制约了第三产业、水产品流通与海洋贸易业的发展，如著名的"南珠"品牌。20世纪七八十年代，南珠曾是广西重要的创汇产品之一。到20世纪90年代，珠民高密度、大批量生产，珠层厚度越来越薄，质量越来越差，使南珠名誉受到严重损害。1998年，南珠还因质量问题被"世界珍珠节"拒之门外。优势品种养殖—加工—出口产业链利益联结机制尚未建立健全，潜力有待开发；遭遇国际贸易保护，市场准入门槛提高等问题。广西沿海主要城市的海产品小型加工企业，仍沿用传统的"一把盐一把刀"粗糙的加工工艺模式，从而导致非人为因素致经济损失，影响到海产品加工的经济效益。

广西沿海地区海产品加工产业亟待产业升级，调整产业结构，把渔业长期以来追求数量扩张的增长方式转移到质量和效益增长方式上，应提高全天候高效率的加工生产，改进加工生产工艺，利用北部湾一类海水的资源优势，齐心打造广西北部湾海产品的绿色品牌，让广西的海产品不再靠天吃饭。在促进第一产业规格化发展的同时，着力于第二、三产业的发展，延伸产业链，提高产品附加值。当前，广西正在积极推进农业供给侧结构性改革，大力实施乡村振兴战略，亟须拓宽农业发展空间，与周边国家尽快构建资源禀赋和技术优势互补、产业格局和产品流向互补的互利互惠局面。广西沿海城市以海洋渔业为切入点，加强与东盟国家国际科技合作，将有助于拓宽东盟与广西乃至我国海洋渔业的合作空间。

第三节　贵州革命老区绿色农业发展分析

数据来源于中经数据、贵州科技厅和农业厅、国家统计局、百度、贵州统计局和贵州省政府网。

2017—2022年，是贵州农业产业发展最快，农村面貌变化最大，脱贫攻坚成果最显著的时期。农业生产能力明显提高，粮食安全省长责任制和"蔬菜篮子"市长责任制，加强农业基础设施建设，保持粮食等重要农产品供给能力，提高全省粮食总产量1000万吨以上，油料作物产量100万吨以上。深入实施"粮仓技藏"战略,划定粮食生产功能地区和重要农产品生产保护区2150万亩,累计建设高标准农田1945万亩,比2016年增加1259万亩。积极推进山地农机化,全省主要农作物耕作收获综合机械化率达到44%,比2016年提高16个百分点。2021年蔬菜和食用菌产量3280万吨,猪、牛、羊、家禽肉产量225.8万吨。"菜篮子"产品种类越来越多,在贵州省,自给自足的水平持续提高,特色优势产业快速发展。其中,茶叶、辣椒、蓝莓和李子等产品的生产规模均居全国第一,使贵州成为全国重要的夏秋蔬菜生产大省。而猕猴桃、火龙果、刺梨等产业也名列全国前茅,生猪、食用菌等产业也已进入全国第一梯队。贵州省湄潭等11个县被评为中国茶业百强县,而遵义朝天椒、大方皱椒则在全国十大名椒中脱颖而出。遵义朝天椒还荣获全国"最具影响力品牌"称号,册亨糯米蕉也被授予"中国农产品百强标志性品牌"称号。此外,全省农产品质量安全抽检合格率达到99%以上,已经有151个农产品获得了地理标志产品认证,403个获得了绿色食品认证,"贵字号"的优质农产品市场美誉度和影响力也在不断提升。在省委省政府坚强领导下,贵州全省各级农业农村部门大力实施乡村振兴战略,推进农业供给侧结构性改革,深入推进现代山地特色农业开创新局面,农业农村发展取得历史性成就,为全面脱贫攻坚战,全面建成小康社会,山地农业现代化和农村振兴顺利起步,进入了社会主义现代化建设的新征程。

表6.3 贵州革命老区绿色农业产值(亿元)

年份	绿色农业生产总值	农业	林业	畜牧业	渔业
2017	3413.86	2076.99	228.8	885.79	60.09
2018	3619.52	2288.71	253.3	84627	54.77
2019	3888.99	2535.68	275.44	829.58	57.7
2020	4358.62	2781.8	293.66	1019.01	61.09
2021	4691.97	3123.71	319.82	958.96	69.83

表 6.4 贵州革命老区林业、畜牧业、渔业对绿色农业发展的关联度

评价项	关联度	排名
农业	0.998	1
林业	0.946	2
畜牧业	0.835	4
渔业	0.942	3

根据关联度计算，得到贵州绿色农业内部各关联产业关联度排名为农业＞林业＞渔业＞畜牧业。贵州因历史和环境的原因，经济发展相对滞后，农村贫困面大，地方财力弱，加上地质因素，重点草业建设项目中投入少，严重制约贵州省草地畜牧业的发展。"十五"期间，国家对贵州草地畜牧业投入开始逐渐加大，以此为标志，经过多年的种草养畜示范，贵州农民普遍接受了种草养畜的新观念，在推动农民增收的同时，推动当地绿色农业的发展。目前贵州渔业市场水平不高，行业内企业质量参差不齐。提升产品质量和品牌是贵州渔业发展的主攻方向，走以可持续发展为目标的绿色发展路线是新时代渔业发展的根本路线。贵州土地面积大，但由于属于开发省份，农民人口比城市人口多很多倍。虽然林业发展很好，但由于农民人口多，农民仍以农业为主。政府大力支持林业产业，这意味着农民的一部分土地被用于发展林业，农民的一部分土地失去了，导致林业和农业的矛盾突出。贵州农业现状，由于地理位置、生态环境等原因，农业难以保持稳定发展。贵州要提高农业生产力，加快农业发展，必须不断加快体制机制创新，加强农业基础设施建设，充分依托现代科学技术，加快品种更新，增加良种培育。

第四节 云南革命老区绿色农业发展分析

10年来，云南坚持农业发展帮助农民增收，农民生活富裕。全省农村居民人均可支配收入年均增长9.1%，由2012年的5930元提高到2021年的14197元，其中经营性收入占48.4%，比全国平均高出约14个百分点。特别是扶贫地区农民人均可支配收入年均增长10.6%，由

2012年的4797元提高到2021年的1027元,高原特色农业直接贡献率达到50%。云南优势农业产业的产量和产值不断上升,为云南经济发展奠定了坚实的基础。2021年茶种植面积将达到740万亩,实现"千亿元云茶产业"发展目标,有机茶园认证面积跃居全国第一。花卉栽培面积和产值增速居世界第一,产值突破千亿元大关。水果产量由2012年的511万吨增加到2021年的1200万吨,平均每年增长10%。

数据来源:中经数据、云南科技厅和农业厅、国家统计局、百度、云南统计局和云南政府网。

表6.5 云南革命老区绿色农业产值(亿元)

年份	绿色农业生产总值	农业	林业	畜牧业	渔业
2017	3741.2	1982.52	381.53	1289.45	87.7
2018	4108.88	2234.74	396.88	1237.12	98.25
2019	4936.7	2680.16	395.54	1600.73	105.38
2020	5920.52	2902.24	429.5	2315.41	103.98
2021	6351.82	3441.47	497.33	2113.31	112.38

表6.6 云南革命老区林业、畜牧业、渔业对绿色农业发展的关联度

评价项	关联度	排名
农业	0.852	1
林业	0.774	3
畜牧业	0.818	2
渔业	0.765	4

云南绿色农业内部各关联产业关联度排名为农业 > 畜牧业 > 林业 > 渔业。根据对云南渔业的分析,近年来云南水利设施的建设对大陆渔业的影响很大。加强自主创新能力建设,为地方特色渔业发展提供技术支持。积极发展具有鲜明地域特色的地方渔业,重点培育甜鱼、小鱼、土产经济鱼。要积极创造条件,以云南高原湖泊及周边湖泊的有利条件为重点,扩大本土鱼类繁殖和生态养殖生产,努力把湖泊渔业打造成具有本土鱼类特色的有机水产品生产基地,促进云南渔业发展。实现产业和经济的双向发展。云南省林业产业发展更加扎实,产业规模、档次和效益均有较大提升。然而,林业的发展却被推迟了。许多具有较强

第六章　滇黔桂革命老区绿色农业协同发展

观赏特色和鲜明优势的本地树种仍处于开发栽培的早期阶段。资源主导并没有转变为经济主导。政府的引导对工业发展至关重要。深化林业改革,转变林业发展方式,加强科技支撑,突出产业特色,培育产业集群,调整产业结构,构建发达的现代林业产业体系。云南重点发展畜牧业,取得了优异的成绩。但在发展过程中存在着一些不足,这些不足严重限制了当地畜牧业的发展。云南畜牧业要实现可持续发展,必须统一思想,提高认识,重视畜牧业发展,科学调整畜牧业结构,大力推进畜牧业科技进步。近年来,云南着力优化农村产业结构、经济结构和产品结构,拓展农村产业链,拓展产业范围,转变产业功能,形成特色鲜明、高产出的新型农村模式。走资源节约型、环境友好型现代农业发展之路。云南省农业要实现可持续发展,必须加快基础设施建设,拓展农业产业链,进一步推进农业生产标准化,提高农产品安全水平。

第五节　滇黔桂革命老区绿色农业协同发展对策

一、广西革命老区绿色农业海洋渔业发展对策

(一)建立和完善绿色农业利益互联机制,促进绿色农业相关产业发展

建立和完善绿色农业利益互联机制,促进绿色农业相关产业发展,既有利于推动农业各个细分行业的发展,也有利于促进农业各个行业与第二产业和第三产业融合发展,继而更加深入提升农业绿色产业发展水平,促进农业绿色产业采用先进的绿色农耕技术和绿色经济管理发展。从上面的经验数据来看,市场对绿色农产品的需求日益旺盛,绿色农产品在市场的占有率日显突出。随着居民收入水平提高,居民对绿色农产品的消费占据居民的消费支出比重越来越大,目前居民对绿色农产品的需求会带来相关绿色产业的发展,特别是能促进绿色农产品的加工产业、绿色休闲产业的发展。为了进一步促进绿色农业成为当地农村的支柱产业,乡村管理者应积极营造宽松的市场营商环境,改善对绿色农产品生产者服务,通过多种方式改善绿色农产品生产者环境,激发农民

对绿色农产品生产的积极性和创造性。同时积极鼓励居民购买绿色农产品的意愿,创建适宜的绿色农业产业发展外部环境,形成绿色农业及其细分产业的利益互联机制,推动绿色农业及其细分产业的全面发展。另外,要积极推动新型农业产业的经营者形成利益联合体,联合经营,逐步形成规模化绿色农产品生产经营,提高绿色农产品的规模效应。此外,要重点培养农业产业中头牌企业的作用,发挥头牌农业企业在绿色生产、绿色技术和绿色管理中的带动作用,发挥头牌企业在农业与第二产业和第三产业融合上的引导作用。加强农业产业的绿色创新,形成绿色农业产业创新联合体,提升农产品的市场竞争力。提高农业产业利用互联网和大数据开展绿色农业创新。通过多种营销方式促进绿色产品和技术在市场上的交易量,创新网络签订合作订单和做好网络宣传,提高农产品生产经营者与客户建立长期稳定关系。扩大农民参与绿色产品生产经营获得收入分配成果,提高农民在农业与第二产业和第三产业融合发展中所得到的利益。当前,应加强休闲农业园区和乡村旅游文化的建设,推动农产品加工与生态旅游的有效结合,提升当地绿色农业产业的市场影响力,以多元化方式促进绿色农业产业发展。

绿色农业的发展离不开政府的政策扶持。政府的政策在绿色农业产业发展中作用日益凸显。因此,要积极发挥政府对绿色农业的积极引导和监管作用,政府应制定相应政策促进绿色农业及其细分行业的发展。政府应该出台促进绿色农业和绿色第二产业和绿色第三产业融合发展的优惠政策,如在资金上可以优先资助绿色产业和其他产业融合发展所需资金,再如,政府应制定相关政策积极鼓励相关研究机构包括当地大学和创新中心进行绿色产业的创新活动。另外,政府在贷款方面也应对绿色产品的农户获取贷款的优惠条件开展绿色农业的生产活动。总之,政府通过出台相应的优惠政策来推动绿色农业产业可持续发展,绿色农业得到可持续发展的同时也促进农民可持续增收。与此同时,绿色农业的发展也离不开政府的引导和监管。政府对绿色农业发展的引导和监管是实现绿色农业可持续发展的重要保障。政府制定的绿色农业发展相应政策能否落实,需要政府相关部门和社会有关机构进行监管。如果缺乏相应的部门和机构的监管,可能会导致政府制定的扶持绿色农业发展政策在实际执行中出现偏差,甚至出现政策执行的落空。这样不利于绿色农业长足发展。事实上,要促进绿色农业产业长期稳定的发展,各级政府相关部门和机构,以及社会相关的组织应该形成合力,

第六章 滇黔桂革命老区绿色农业协同发展

共同开展推动绿色农业朝着既定的政策目标前行。另外,政府还应建立健全相关的培养绿色农业发展的人才队伍政策,建立和完善绿色农业发展的基础设施,构建现代绿色农业与当地的特色农业协同发展的机制,切实提高绿色农业和特色农业协同发展水平。再有,政府还应从宏观上把握当地农业产业发展方向,充分挖掘绿色农业产业发展潜力,提升绿色农业产业专业化水平,打造当地的绿色农业产业良好形象,增强农民对发展绿色农业的信心。

(二)严格保护广西绿色海洋渔业的生态环境

首先,它会有利于加快广西海洋渔业和沿海经济结构的战略性调整,促进渔民增收。从广西近几年调整海洋渔业和沿海农村经济结构的实践看,推进广西海洋资源环境的可持续发展,必将推动沿海水产养殖业和海洋渔业的健康发展,从而带动水产品储藏、加工、保鲜、运输、出口和渔用饲料以及渔船、渔网、渔机具等二、三产业的持续发展,增加渔民收入,加快广西全面建成小康社会步伐。其次,会让广西沿海渔业更好地"走出去",利用东南亚及国内国际两种资源、两个市场,发展壮大自己。优良的生态环境是保证渔业资源持续稳定发展的重要基础,切实推进广西海洋生态文明建设,保障海洋经济可持续发展。业界人士普遍认为造成渔业水域污染很大程度来自港口的溢油,以及港口腹地的工厂废水,另外还有部分来自城市居民生活排污水,当然也有部分来自渔业自身经营的污水。因此,为了促进渔业生态环境保护,一方面要加强对上述各种污水的处理,另一方面也将绿色产业的发展技术和管理运用到渔业生态环境保护中来。随着海洋产业深入发展,必将带来港口及邻港工业区的快速发展,同时将极大推动渔业的发展。因此,加强渔业的绿色化发展必将成为渔业发展的重要内容。加强绿色渔业产业的发展首先要重视绿色渔业产业发展的路径选择,重视绿色渔业产业专家关于绿色渔业发展的详细深入的论证报告,包括对绿色渔业发展的环境保护和资源利用的论证,以及对渔业加工的技术和管理报告等。同时,应加强绿色渔业发展的基础设施、污水的排放等方面的论证,这些论证必须符合行业和国家标准。尤其是要将影响绿色渔业产业发展的重要影响因素进行详细、深入的考察,制定切合实际的解决措施,促进绿色渔业的可持续发展。

（三）利用先进科技，加快绿色海洋渔业的发展步伐

绿色海洋渔业的发展离不开海洋渔业技术的进步，科技进步是驱动海洋渔业发展的动力。因此，要推动海洋渔业的发展，要靠政府制定的相应政策，还要依靠绿色海洋渔业的科技水平。海洋渔业科技的进步依赖于科技人员队伍的建设，因此，加强海洋渔业的科技机构和科技人员的队伍建设是绿色海洋渔业长足发展的当务之急。当前应着重了解制约绿色海洋渔业发展的主要技术问题有哪些，针对这些重要的技术问题开展科技攻关，为此，既要加强科技队伍的建设，特别要加强中青年科技队伍的建设，要重点提拔年轻科技人员，让年轻科技人员担当科技攻关的重任。另一方面要建立海洋渔业技术培训中心，加强对海洋渔业育苗培育，包括对网箱养殖科研示范基地的建设。在对海洋渔业技术攻关上，要选择重点突出的技术项目进行攻关，要将取得的重大科技成果及时应用出去，提高技术成果的转化率，促进海洋渔业生产的发展。与此同时，应当加快建立健全鱼虾病害监测防治中心，为促进渔业稳步发展提供科学依据。海洋渔业发展需要资金的支持，因此，需要拓宽资金筹集的渠道。业界人士认为海洋渔业的发展除了资金、人才和技术之外，优良的渔业品种也是必不可少的，因此，建立技术含量高的渔业养殖场和水产品加工厂是促进海洋渔业生产向高产、优质和高效水平发展的重要举措。另外，对海洋渔业产业的设施进行更新改造，有利于增强远海捕捞生产能力。同时尽快建立珍珠贝、牡蛎和文蛤等经济种类放流增殖试验保护区，促进海水养殖业合理、高效、健康持续发展。

二、云南革命老区绿色农业发展对策

（一）延长绿色农业产业链，改善绿色农业产业内部结构

加快发展畜牧业、渔业，增加林业、畜牧业和渔业在农业总产值中的比重，促使绿色农业产业内部结构进一步优化，使得绿色农业内部细分产业发展趋于平衡状况。除此之外，加强农业产业链的延伸，产业链的延伸是推动绿色农业产业发展的有效动力。运用生态产业链的基本理

第六章 滇黔桂革命老区绿色农业协同发展

论指导农业产业链的发展。同时在推动农业产业链发展的过程中,要将绿色农业与绿色工业和绿色服务业链接起来,促进绿色农业与绿色工业和绿色服务在产品、技术、市场等方面进行衔接,促使它们协同发展。另外,在发展绿色农业上,要进一步突破单一的农业产业结构,要发展多元化的产业结构,实现产业之间的功能互补和风险的降低。生态学理论指出生物多样性越高,越有利于生态环境的保护。由此可见,生产力的发展与生产结构的多样性有关,依据这一原理,发展绿色农业运用多元化经营,有利于促进农业的多级循环发展,而多级循环便能形成一个良性循环的农业产业链,继而使得农业获得更高的经济效益。同时,推进绿色农业发展路径之一,在于建立典型绿色农业产业链示范园区,这个示范区有助于促使农业的产前、产中及产后三个环节衔接,农业产业链的发展要突出绿色产品的优势,拓宽农业新功能。在交易方面,可以依托互联网电商实现交易"在线化"。获取生产地的数据信息,掌握农产品原产地资源属性,为产品对接产地与市场。实现客户资源聚集,提高农产品流通效率与效益。打通堵点,达到与市场的无缝连接。立足本地农业特色,建立改良长效机制。高起点规划云南数字乡村、智慧农业建设,进一步成体系地引进先进数字化技术,建立本地智慧化、数字化服务团队,并深入应用到农业生产、加工、经营、管理和服务等全产业链环节,实现全产业链数字化提升。

(二)创新农业科技,改善绿色农业产业技术结构

普遍认为科技创新在绿色农业发展中能够产生根本的推动作用。因此推动绿色农业产业发展的关键在于绿色农业技术的创新,运用创新推动绿色农业生产方式的改进,运用创新驱动绿色农业功能产品发展,拓展绿色农业功能产品的深度,延伸绿色农业产业链。运用绿色农业技术创新促进绿色农业和绿色第二、第三绿色产业融合,利用绿色农业各个细分行业技术关联的特点,促进绿色农业内部各个细分产业绿色技术的提高,改善绿色农业技术结构,对于促进绿色农业产业发展有重要作用。农业现代科学技术也是农业发展的重要支撑,创新农业科技也就相当于改善农业发展的环境。推动乡村绿色产业发展,充分发挥党员干部的带头作用,才能凝聚智慧和力量,确保各项工作落到实处。政府应鼓励走出去的年轻人回乡创新创业,通过资金补贴、减租减税等政策确保

其创新创业的动力和发展基础。建立科学的农业信贷政策,鼓励农民合理、积极的信贷,让更多资金能够投入到农业生产中,为绿色农业生产提供充足的资金。

(三)聚焦农业技术创新,形成绿色农业特色体系

传统农业产业发展的主要特点是因地制宜,注重改善土地利用和增加单位产量,注重增产和对综合生产的发展。应考虑未来的生产和分配技术,如科技研发、农产品质量、农产品的详细加工、农业服务和运输水平。注重研究开发有价值的农业生产技术,现在绿色农业产业一个显著特点是既注重农产品的产量和质量,又关注农民生产的生态环境保护,因此,农产品的生产经营过程很关注现代农业生产技术的运用,能够充分利用现代生物技术和现代农业机械化工具,进行规模化生产经营,从而大面积提高农业产量。同时,现代农业生产不断适应市场环境的变化,对农业产业内部的各个细分产业不断进行调整优化,变革农业生产方式和农业技术,形成农业生产的集约化经营。现代农业生产正在逐步形成当地的特色农业生产体系和绿色农业特色体系。在绿色农业生产经营上,注重将绿色农业和绿色旅游文化产业融合发展,实现绿色农业和特色农业与资源环境保护协同发展。要促进绿色特色农业高质量发展,更要对绿色特色农业提高其绿色技术,促进农业产业与相关的科技部门、科研所、大学合作,构建绿色特色农业创新合作机制,促进绿色农业产、供、销一体化的发展。加强绿色农业科技人员队伍的建设,创建绿色特色农业创新研究平台,推动绿色特色农业各类科研项目的研发。通过完善绿色特色技术和特色服务,进一步推动绿色特色产业技术科技成果的有效推广。以此来构建现代绿色高效农业产业技术体系,健全有利于山地农业现代化发展的农业科技创新协作体系。支持和鼓励绿色农业特色的经营主体自主研发,促进绿色农业和特色农业相结合的科技成果转化。在政府的正确引导下,强化各农业经营主体对特色农业的科技投入意识,不断加大科技投入力度,还要激发科研工作者的研发热情,为绿色农产品的新产品和新技术奠定坚实的基础。

第六章　滇黔桂革命老区绿色农业协同发展

（四）改善农业产业技术投入结构

通过引进云计算、传感器网络、3S 技术、无线通信技术等现代信息技术，以及农业、营销、文化、旅游等各个领域专家的智慧和知识，整合农业，整合运用现代技术装备和高水平的专业人才。加快农业产业链中的制造、加工、营销等环节创新。加强对智能小型农业机械研发的投入，以实现农业数字化。要努力提高农机试验的实用价值。在农业建设和发展过程中，通过"互联网＋农业机械化"，能够有效促进农业高质量发展，节约农业成本，增加农民收入，推进农业现代化进程。实行土地"宜机化"改造，改善农业发展环境，是帮助农户们由传统耕作模式向现代农业生产方式转变的重要途径。

三、贵州革命老区绿色农业发展对策

（一）贯彻"绿色"经济思想，推进现代农业体系建设

贵州有着丰富的农产品资源优势，所以，必须认真贯彻落实市场、协调、绿色、开放、合作的原则，努力做大做强地方优势农产品，以提高农户家庭经营收入。首先，稳中求进，大力发展高产、优质、安全、生态、安全的农产品。加强农村基础设施建设，引导中小企业和村民在农机设施、现代农业种养技术等领域的科技研究力度。在开展现代优势农业产业品种品质的"10+3"质量升级活动基础上，将进一步支持对现代优势农业种养领域和新兴产业技术的研究开发，以促进农业生产从规模竞争向品质竞争的过渡。其次，加大推动农业产业化发展，继续壮大农业生产规模，重点发展农产品加工与物流产业链，进一步提高农产品的增值能力，为广大农户增加经济收入创造强大支撑。促进农村经济社会高效发展，最基本的措施就是增强农村经济社会发展的积极性、创新性和竞争性。通过对绿色环保的产业结构优化与提升，以科技创新为发展基础，依靠供给侧结构性改革，全面提升农村全部要素生产力，从而达到农村经济社会的平衡发展目标。

(二)健全绿色农业产业发展科技培训体系

充分利用现代信息技术,有效改善培训条件,培训教材遵循合规、高效的原则,结合贵州山地工业的实际发展需求,重点发展农产品加工技术、循环生态教育农业技术、有机农业与旅游一体化技术等,提高农民科技素质,提高二、三产业工作水平,从根本上提高互联互通性,是贵州真正对接农村产业升级的必由之路。实现农业现代化关键是强化人才培育,逐步建立山地农业数字化管理的标准和流程,建立本地化、专业化的农业服务团队等社会化服务体系,逐步推广数字化经营管理技术,最终实现农业生产的数字化、标准化。加大对贵州山地特色农业的宣传,进一步提高农民参与特色农业的积极性。深化农业机械化教育培训,让农民提高对农业机械化的接受度,提高农业机械的使用效率。

(三)加强绿色农业供给侧结构性改革

农业供给侧结构性改革是农业提高质量、增加效率的重点,钦州属于山地农业,传统的农业科技创新对山地农业起到的作用甚小,而电子商务作为互联网科技创新的一种方式,探索电子商务对促进山地农业产业结构调整的作用具有现实意义。电子商务通过技术扩散路径和改善要素禀赋能够驱动农业产业结构优化升级,且改善要素禀赋影响较大,因此为驱动农业产业结构优化最佳路径。构建优质营商环境、加快基础设施建设、打造特色农产品品牌。在大型机械使用过程中,不断培训农民的技术能力,提高农民的生产水平和科学技术能力,从根本上提高他们在农业技术方面的素质。通过引进现代化智能科学技术,使用大量先进的农机设备,实现农业生产过程的机械化和智能化。

(四)发挥政府部门宏观调控职能,积极地引导和扶持,促进当地的农业机械化发展稳步前行

(1)建立稳定投入机制。除投入财政资金外,还需不断创新投融资机制,引导更多的社会资本下乡投资,加大北部湾地区农村金融要素供给,为乡村发展提供稳定持续充足的资金支持。(2)完善利益联结机制。

第六章 滇黔桂革命老区绿色农业协同发展

在探索股份合作的同时,选择群众认可的利益分配方式,并提前固化,激发广大村民的积极性、主动性、创造性,把广大农民对美好生活的向往转化为推动现代山地绿色农业发展的动力。(3)拓展仓储、冷链物流、农产品加工、休闲旅游和电商销售等功能。进一步培育和拓展农业新形态,实现一二三产业深度融合发展,大力培育能提高农业生产标准化、专业化、规模化、集约化经营水平的新型农业经营主体,使其在经营规模、盈利能力、辐射带动、资金来源、市场导向、产品认证、销售渠道、品牌建设等方面具有明显优势。

第七章 滇黔桂革命老区绿色旅游产业协同发展

第一节 研究方法与评价体系

一、研究方法

(一)区位熵法

区位熵法是用来衡量某一产业的产值占比某一区域或全国总产值的比重,该比重越大,表明该产业的专业化程度越高。本章对绿色旅游产业的集聚采用区位熵来度量,绿色旅游产业的区位熵值是反映绿色旅游产业的综合指标,反映了绿色旅游产业的专业化程度。同时旅游产业区域熵反映了旅游产业集聚效应,旅游产业的区域熵大于1,说明绿色旅游产业的专业化程度高,反之亦然。区位熵计算公式如下:

$$LQ = \frac{e_i / \sum_{i=1}^{n} e_i}{E_i / \sum_{i=1}^{n} E_i} \quad (7.1)$$

式中:e_i表示这个地区绿色旅游产业的单项指标数;E_i表示这个国家或区域绿色旅游产业的单项指标数。

(二)空间基尼系数

空间基尼系数用于反映区域产业发展的不平衡程度,空间基尼系数

越小说明区域产业在该区域分布均匀,反之亦然,空间基尼系数计算公式如下:

$$G=\frac{1}{u2N^2}\sum_{i=1}^{n}\sum_{i=1}^{n}|S_i-S_k| \quad (7.2)$$

式中:u 为产业在每个地区比重平均值和表示每个产业在 j,k 间的比重。

(三)GEM 模型

GEM 模型由供应商及相关辅助产业、企业结构、企业战略和企业竞争、本地市场和外部市场等要素组成。如图 7.1 所示。

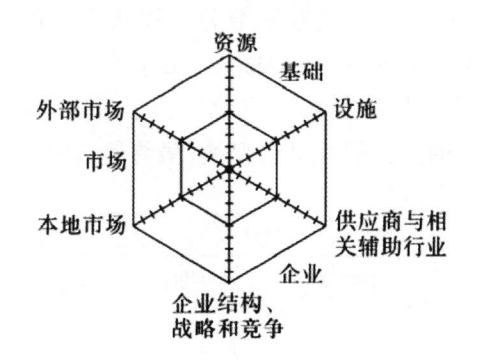

图 7.1 GEM 模型

GEM 模型表现为集群量化过程中两个因素的相互补充的反应。展开来说,术语"因素对平均得分"和"因素对值的乘积"是用来反映因素之间的联系和可替代性。因素对分值(PAIR SCORE)的简单名称为 PS,公式为:

$$PS=(D_{2.i-1.}+D_{2.i})/2, i=1,2,3 \quad (7.3)$$

公式(7.3)中:表示可以相互替代"因素对"。

集群线性分值(LINEAR CLUSTER SCORE)的简单叫法为 LCS。公式为:

$$LCS=\prod_{i=1.\sim 3.}(PS)=\prod_{i=1.\sim 3.}(D_{2.i-1.}+D_{2.i}) \quad (7.4)$$

在取得聚类线性得分和因素对得分后,需要进行二次转换。初级转换是将聚类线性得分转换为各种"因素对得分"的乘积,它可以说明因素之间的关系。但如果有一两个因素比较低或者很低,就会影响总的得分。第 2 个转换是取得 1000 分的满分。GEM 得分为:0 到 260 表示这个地区的发展水平已经在这个地区行业的平均水平；260 到 640 说明这个地区的产业发展水平处于比较高水平；640 到 1000 表明这个地区的工业发展水平处在世界前列。最后 GEM 可以表示为：

$$GEM=2.5\{\prod_{i=1\sim3} D_{2i-1} + D_{2i}\}^{2/3} \tag{7.5}$$

（四）熵值赋权法

熵值赋权依据样本的数据取得最好权重，所以它比层次分析法更客观可靠，避免了某些主观因素，也更科学。本研究采用熵方作为指标权重的分配，则计算过程为：

① 取 m 个指标，给 n 位专家给分，那么第 i 位专家的第 j 个指标数值为（i=1,2,3,…,n；j=1,2,3,…,m）。

② 指标正常化：异质指标同质化。为了解决测量单位不一致的问题，学者们对样本的指标数据进行变换，最终使 xe=lx，其具体方法如下：

正向指标：

$$\chi_{ij} = \frac{\chi_{ij} - min\{\chi_{ij},\cdots,\chi_{nj}\}}{max\{\chi_{1j},\cdots,\chi_{nj}\} - min\{\chi_{1j},\cdots,\chi_{nj}\}} \tag{7.6}$$

负向指标：

$$\chi_{ij} = \frac{max\{\chi_{ij},\cdots\chi_{nj}\} - \chi_{ij}}{max\{\chi_{1j},\cdots,\chi_{nj}\} - min\{\chi_{ij},\cdots,\chi_{nj}\}} \tag{7.7}$$

则 x 为第 i 个专家的第 j 个指标的数值（i=1,2…,n；j=1,2,…,m）。为了方便起见，归一化后的数据仍记为 χ_{ij}。

③ 计算第 j 个指标 i 专家的权重：

$$P_{ij} = \frac{\chi_{ij}}{\sum_{i=1}^{n} \chi_{ij}}, i=1,\ldots,n, j,\cdots,m \tag{7.8}$$

④ 计算 j 个指标的熵值：

$$e_j = -k \sum_{i=1}^{n} P_{ij} \ln(P_{ij}) \tag{7.9}$$

式（7.9）中：k= 1/ln（n）>0，其中 $e_j \geq 0$。

⑤ 计算信息熵冗余度：

$$d_j = 1 - e_j \tag{7.10}$$

第七章　滇黔桂革命老区绿色旅游产业协同发展

⑥计算各项指标的权重：

$$\omega_j = \frac{d_j}{\sum_{j=1}^{m} d_j} \quad （7.11）$$

（五）帕—吉 GEM 模型法

1998 年，加拿大吉博森和帕德莫这两位学者在波特"钻石模型"这个基础上，提出评价绿色产业集群发展的 GEM 模型，即"基础—企业—市场"模型。这个模型可以对绿色产业集群的优势和劣势进行规范的分析说明，按照 GEM 模型，决定绿色产业集群发展的是三对要素六个因素，其中"三要素"是基础（资源和设施组成）、企业（供应商和相关企业，以及制造商的结构和战略）、市场（本地市场和外部市场组成）。在对 GEM 模型进行量化处理后，我们可以发现模型中两因素间具有互补性。其模型结构如图 7.2 所示。

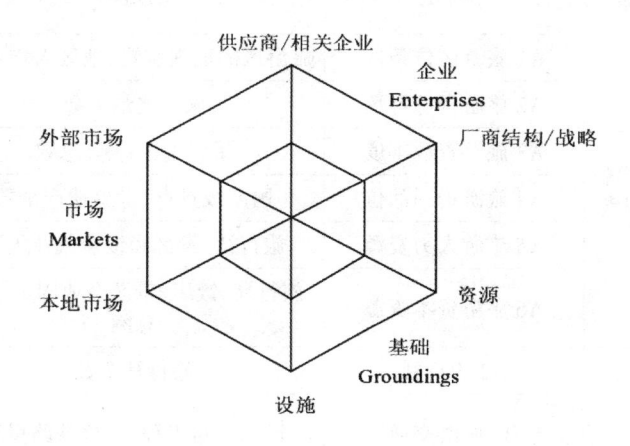

图 7.2　帕—吉 GEM 模型法

帕—吉 GEM 模型中的三要素六因素的内容包括，基础（Groundings）是产业的供给要素，包括"资源""设施"。"资源"包括自然资源、劳动力、地理位置、资本和技术专利等。"设施"包括道路、港口、管道、通信设施等硬件，以及行业协会、研究机构、培训体系、监管体系、货币政策、商业环境、金融市场软件设施。企业（Enterprises）包括"供应商及相关辅助产业""企业的结构、战略、竞争"，市场（Markets）有"本地市场"和"外部市场"。

二、GEM 模型评价指标体系构建

本文依据前人研究成果和我国绿色旅游绿色产业集群的现状,根据设计评价指标体系时应遵循的指导性、代表性及可操作性原则,在上述基础上,对六个影响因素分别设置相应的二级评价指标,以构建出较为完善的绿色旅游绿色产业集群发展评价指标体系。根据各因素的含义,共设定评价指标 20,从而构建出三个层级结构的 GEM 模型评价指标体系(表 7.1),即:第一层为绿色旅游绿色产业集群发展因素对层,第二层为绿色旅游绿色产业集群发展因素准则对层,第三层是绿色旅游绿色产业集群发展指标层,第四层是细指标层。

表 7.1 GEM 模型评价指标体系

因素对	准则层	指标层	细指标	单位
基础	资源因素	A1 旅游区位条件	旅游区的地理位置、地区人均 GDP	元
		A2 旅游资源特色	旅游之最个数	个
		A3 旅游资源丰度	星级景区(点)总数	个
		A4 旅游资源品位	国家级景点、世界遗产个数	个
		A5 旅游人力资源	旅行社、景区和饭店就业人数	人
		A6 旅游资本资源	旅行社、饭店、景区企业固定资产总额	万元
	设施因素	B2 旅行社	旅行社个数	个
		B3 旅游交通	已修公路里程、已修铁路里程	公里
		B4 旅游饭店	星级饭店数、房间数、床位数	个
		B6 旅游行业协会	协会数	个
		B8 旅游商业环境	市场公平、税收优惠法规、政府公共财政支持总额	元
		B9 居民生活环境	居住生活环境、经济收入、人均可支配收入	元

第七章　滇黔桂革命老区绿色旅游产业协同发展

续表

因素对	准则层	指标层	细指标	单位
企业	供应商	C3 旅游相关行业发展的协调性	食住行游购娱花费	亿元
		C4 旅游企业间的协作程度	与其他行业企业合作数量、中外合资业数量	个
	企业结构	饭店低中高档比例	三星级以上酒店所占百分比	%
		旅游企业盈利能力	旅行社、饭店等旅游企业营业收入	亿元
市场	国内市场	国内旅游规模	国内游客接待人数	万人
		本地旅游消费需求	人均旅游花费	元/人
	国外市场	国际旅游市场规模	接待入境游客数	万人
		国际旅游收入状况	国际创汇收入	亿美元

GEM 模型的量化分为四步：

第一步,六个因素赋值对集群发展的影响(指标赋值等级表参考表 7.1)。

第二步,计算"因素对"分值。

在此步骤中：首先,计算出各因素的权重；然后,选两个因素的平均值当作"因素对分值",即：

$$PS=(D_{2·1-1}+D_{2.i})/2, i=1,2,3 \quad (7.12)$$

公式里：PS 是 PAIR SCORE,即"因素对分值"；

$D_{2·1-1}+D_{2.i}$ 表示"因素对"中成对的两个因素的得分；

$D_{2·1-1}$ 与 $D_{2.i}$ 所表达的是"因素对"中两个可以相互替代的因素。

第三步是计算绿色产业集群发展总得分。

在这一步中,我们需要执行两次转换。第一种转换是将三个"因素对"得分乘以"因素对得分",将绿色产业集群的线性得分转换为(Linear Cluster Score),即：

$$LCS=\prod_{i=1\sim 3}(PS)=\prod_{i=1\sim 3}(D_{2.i-1}+D_{2.i}) \quad (7.13)$$

第四步是计算绿色产业集群发展总得分。

同上述 GEM 模型的量化过程,最后得到的 GEM 模型集群发展的量化表达公式为:

$$GEM=2.5\{\prod_{i=1\sim3} D_{2i-1}+D_{2i}\}^{2/3} \quad (7.14)$$

根据上述定量表达式,假如在所有六个因素中,绿色产业集群的得分为 7(达到高水平),那么其发展得分为 550,表明其已达到国内平均水平;当这六个因素的得分在 8 左右(在国内具有较强优势)时,其绿色产业集群的 GEM 得分将在 640 左右,说明其在国内具有较强的发展实力;如果各因素得分接近 10,这个绿色产业集群的 GEM 得分接近 1000,就说明是世界级的Ⅳ。

第二节 广西革命老区绿色旅游业发展分析

一、广西革命老区旅游业发展概况

广西处于中国华南西部,简称"桂"。自东到西,接壤于广东、湖南、贵州、云南这些省份,南邻北部湾,面向于东南亚,西南毗邻越南,它是西南地区最便捷的海上通道,在中国和东南亚的经济交流中占有重要地位。

东经 104° 28'—112° 04',北纬 20° 54'—26° 23',东与广东接壤,南与北部湾接壤,与海南隔海相望,西与云南毗邻,东北接湖南,西北靠贵州和西南与越南社会主义共和国接壤。广西在云贵高原东南边缘,处于中国地形的第二阶梯,东面是广东和广东的山丘;主要分布有山地、丘陵、台地、平原等类型地貌,中南部地区多为丘陵平坦的盆地状地区,被称为"广西革命老区盆地",广西革命老区民族文化的主要内容和岭南文化的组成部分是八桂文化。广西革命老区是中国唯一的少数民族自治区和西部唯一的沿海地区,是中国和东盟对外开放的重要门户和边境,是西南地区最方便的出海口。广西革命老区各地旅游区拥有非常丰富的旅游资源类型。广西革命老区每个地方旅游资源包括桂林和柳州,以及南宁和北海四大旅游区。广西革命老区旅游区的旅游产业框架基

第七章 滇黔桂革命老区绿色旅游产业协同发展

本形成。广西绿色旅游产品非常广泛,有以水域为特色的旅游产品,如河流、湖泊、水库等,有海岛的旅游产品,如岛屿和海滩等,还有山脉和洞穴的旅游景点,另外还有闻名的温泉和瀑布,以及动植物、寺庙和民族风俗等旅游景区。其中对自然资源开发的旅游景点占总量资源总量的60%至70%以上。在自然资源开发中的山地和洞穴、河流与湖泊资源占主导地位。广西革命老区在旅游资源开发中特别重视自然资源,适应了全球旅游资源初始开发的一般规律。自然景观已成为人们最早的旅游类型,这不仅是人类对自然向往的结果,还因为山脉、河流、洞穴、瀑布、海滩等都是不需要雕刻的自然景观,开发容易,投资少,收益大。在广西革命老区开发的旅游资源中,桂林一直具有很强的开发能力。热带喀斯特地貌形成三山两洞一河,是桂林的王牌。1980—1989年期间开始,桂林人就有了"以风景名胜区为中心"的思路,并以此为中心,着手开发新型的"景观名胜区"。漓江民族文化公园、冠岩、雄森熊虎山庄、蛇王鳄鱼世界、靖江王陵、五环体育公园、桂林植物园、尧山索道、华夏彩绘,这些都是桂林最近十几年新建的景点,使桂林的文化内涵得到了很大的提高。

在过去的20年里,广西革命老区旅游业一直是从桂林起始的旅游资源景观。随着桂北的扩张,桂中、桂南的很多市、县也开始发展其绿色旅游业。如今,广西革命老区在发展旅游业方面,已成为一种新的趋势,道路发展顺着桂林到桂北、到柳州地区、到南宁地区以及北海。近几年来,广西的旅游业规模扩张得很快,俨然成为广西的一大支柱产业,并且发展尤为迅速。2016—2020年间,旅游产业总收入从2016年的4191.4亿元增长到2019年的10241.44亿元,且全区接待国内外游客总数达到31.52亿人;2019年,广西旅游业发展呈现爆发式增长,比2018年增加2621.54亿元,增速34.4%。2020年虽然受疫情影响,旅游产业总收入有所下降,但整体的旅游发展情况还是比较良好,据统计,在2020年,全区累计接待国内外游客6.61亿人次,同比恢复到了76%,旅游总消费7262.08亿元,同比恢复了72.6%,其发展趋势预示着广西旅游产业拥有潜在市场前景。

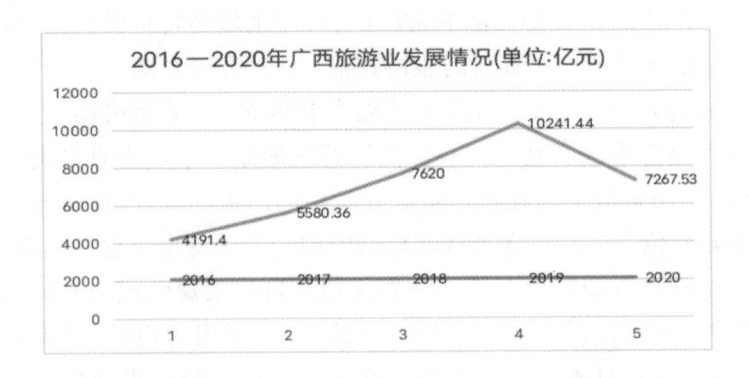

图 7.3　2016—2020 年广西绿色旅游业发展概况

二、广西革命老区绿色旅游产业发展区位熵和基尼系数评价

广西壮族自治区革命老区山清水秀，旅游资源丰富，绿色旅游产业发展迅猛，形成一定的绿色产业集群。2021 年，广西革命老区一共有 A 级景区 597 个，旅游景区固定资产 2242241 万元；有旅行社 881 个，有 444 个 152452 间房的星级宾馆，229837 张床；行业协会 13 个，政府公共财政支持 16527 元，707 个餐饮业法人单位，55452 人从业旅游行业，企业的经营额有 143.95 亿元。

接待游客总数已达 31907 万人次，涵盖了广泛的产业类型。绿色旅游作为绿色产业集群的独特存在，适合采用 GEM 模型进行评价。刘友金教授此前在《绿色产业集群发展评价定量模型研究》一文中阐述了创业板模型的三要素六要素的基本含义。在创建指标体系时，应遵循指导性原则、操作性原则和代表性原则。以刘友进为依据，根据绿色旅游产业的发展独特优点和胡玉成等这些学者相对比较新的发展成果，为了加深对指标层的认识，对指标进行了细分，并确定了研究目标和单位，以提高有效性。

根据最初数据中的 2021 年地区生产总值收入当作参考各个市州的统计年鉴发布的数据，各个市州的区位熵和空间基尼系数根据公式（1）和（2）计算得到，可以得到表 7.2：

表7.2 广西革命老区各地级市绿色旅游区位熵和基尼系数

	国内旅游总收入	地区生产总值	区位熵 LQ	空间基尼系数 G
南宁市	1216.45	4726.34	0.784662988	0.002109976
柳州市	602.01	3176.94	0.577708234	0.003666346
桂林市	1233.54	2130.41	1.76524061	0.00541393
梧州市	311.14	1081.34	0.877217817	3.59075E-05
北海市	514.32	1276.91	1.227967831	0.000172607
防城港市	245.6	732.81	1.021764573	5.18171E-07
钦州市	390.98	1387.96	0.858798856	7.82385E-05
贵港市	324.06	1352.73	0.730345186	0.000271037
玉林市	570.16	1761.08	0.987032666	1.06231E-06
百色市	454.96	1333.73	1.039966047	5.78773E-06
贺州市	390.28	753.95	1.578147588	0.000387037
河池市	425.16	927.71	1.397185357	0.000276568
来宾市	229.82	705.72	0.992817126	5.23422E-08
崇左市	339.07	809	1.27777595	0.000102867
广西	7267.6	22156.69		
数据来源	广西统计局、旅游局、中国文化和旅游部、各地级市国民经济和社会发展统计公报			

从表7.2可以看出,桂林市、北海市、防城港市、百色市、贺州市、河池市的区位熵较高,都高于1。这说明上面这些地区绿色旅游产业发展集聚效应明显。广西革命老区绿色旅游产业发展空间格局资源分布较均匀的态势。具体表现为:百色市、贺州市和桂林市西北地区旅游集聚强,南部地区北海市、防城港市旅游专业度较高,地区之间虽有差异化,但许多地区之间的差异却不明显,绿色旅游产业整体上分布较均匀。在观测空间基尼系数后我们发现旅游专业化程度较高的桂林市空间基尼系数较大,说明桂林地区出现了旅游资源过于集中的现象。桂林市旅游资源出现了失衡的现象,要避免旅游资源的溢出浪费,同时丰富的旅游资源对贺州市产生了正向溢出的作用。需要注意的是,内部的空间基尼系数越大,区域内旅游业贫富差距较大,不利于区域的可持续发

展和社会稳定,而来宾市拥有统一的绿色旅游产业和较高的区域熵水平,在一定程度上有利于区域内绿色旅游产业的可持续发展。

广西革命老区各个地区是作为本节研究的主要区域,以旅游的资源、设施、企业以及市场收入作为横截面数据。经过创建区域的绿色旅游绿色产业集群发展的指标体系,测量空间基尼系数和区域熵,并且分析说明广西革命老区绿色旅游产业的空间分布趋势和发展水平。研究发现:广西革命老区内部旅游资源丰富程度、旅游专业化的程度较高,但部分地区旅游资源出现过于集中的态势,具体表现为:西北地区如桂林、河池、百色发展程度较高,中部地区以贺州、南宁作为代表专业化程度较高的绿色旅游产业,在南部以北海、防城港为代表专业化程度较高的地区旅游,桂林市空间基尼系数较高。GEM 模型的得分为 552 分,处于 226—640 之间,说明广西革命老区旅游的发展在一个较高水平。广西革命老区是一个旅游资源非常丰富的旅游省份,以桂林为代表的旅游专业化整体水平较高,这不仅是因为以桂林为典型的广西革命老区绿色旅游产业活动发展较早,地理交通区位优越,也得益于广西革命老区旅游业发展对高层次旅游专业人才的保护。研究探讨了广西革命老区区域绿色旅游绿色产业集群的专业化程度和空间分布特征,计算出其绿色旅游绿色工业集群发展较好。但不能忽视的问题是:在经济发达的地区空间基尼系数较高,以桂林为首,南宁、柳州空间基尼系数较高,出现了地区内旅游资源发展不平衡的现象,不利于广西革命老区地区的旅游资源长期持续发展。为了广西革命老区内部旅游资源的长远发展,需要学界集思广益,因地制宜,发挥广西革命老区区位优势,推进绿色旅游产业长远发展。由表 7.2 可知,南宁市、柳州市、梧州市的空间基尼系数较大,说明这三个地区的绿色旅游产业在该地区内发展不平衡,同时也出现了地区内旅游资源不平衡的局面,南宁作为广西革命老区首府,在城市规划上以城市建设为主,各地的旅游资源围绕着城市运转,分布在城市的周围。桂林地区旅游资源分布不平衡问题较为严重,旅游资源过于集中,这是由于前期过于引入资金导致,政府需要进行适当的引导。柳州市作为工业强市,实业经济发展为第一目标,绿色旅游产业较少,同时旅游资源分布不均。空间基尼系数较高不利于该地区绿色旅游产业长期健康发展,政府要做好长期规划,调配资源,使绿色旅游产业均衡发展,使得绿色旅游产业带动经济效益更明显。

第三节　云南革命老区绿色旅游业发展分析

一、云南革命老区绿色旅游业发展概况

云南处于中国的西南边陲,周边相邻的省区有四川、贵州、广西、西藏。云南历史文化悠久,有着优美的自然风光,还有丽江古城、大理古城、玉龙雪山等旅游景点。随着旅游业的兴起,这个新兴产业在云南成为了重要的经济支柱之一,全省旅游总收入不断增加。此外,2016年全省旅游业直接增加值占全省GDP比重的7.1%;综合增加值总量约占全省国内生产总值的20%;2018年云南旅游收入为8991.44亿元,同比增长29.89%,2019年云南旅游收入为11035.2亿元,较2018年增加2043.76亿元,同比增长22.73%。云南旅游收入的主要来源是国内旅游,2018年,云南国内旅游收入为8698.97亿元,国际旅游收入为292.47亿元;2019年,云南国内旅游收入为10679.51亿元,国际旅游收入为355.69亿元。根据华经研究院数据统计,在2020年,云南全年实现旅游总收入6477.03亿元,其中旅游外汇收入为4.03亿美元。据央视网消息,2020年云南全省共接待游客5.29亿人次,实现旅游总收入6477亿元。云南旅游区主要有昆明:滇池、昙华寺、石林风景区;大理:大理古城、苍山、洱海;丽江:丽江古城、蓝月谷、玉龙雪山、泸沽湖;西双版纳:野象谷、星光夜市、傣族园;香格里拉:虎跳峡、普达措国家森林公园。这里着重介绍曲靖旅游产业发展状况,其位于云南省东部、珠江之源,这里历史文化悠久,是云南开发较早的地区之一,孕育了以爨、堂狼、铜商等为主的特色文化,境内山川、江河、湖泊、湿地、溶洞、高山草场等自然形态一应俱全,形成了"长线串珠"的生态美景长廊,立足地方资源禀赋,曲靖推动文化资源向品牌资源、产业资源、文创资源转化,文化产业实现健康有序发展。据相关数据统计,文化产业及相关产业增加值从2013年的31.24亿元(新的统计标准),增加到2020年的37.91亿元,增长21.35%;文化市场主体(法人单位和个体工商户)从2012年的

2853 户,增加到 2022 年的 4062 户,增长 42.4%;规模上,文化企业从 2015 年的 16 家,增长到 2021 年的 49 家,增长 2.06 倍。特色文化产业得到大力发展,刺绣、斑铜、陶瓷等曲靖特色文化产业年产值达 2 亿元以上。园区建设取得突破,建成省级文化产业园区(示范基地)3 个。文化和旅游产业深度融合,现有已建(在建)文化和旅游项目 21 个,计划总投资 860.1 亿元。

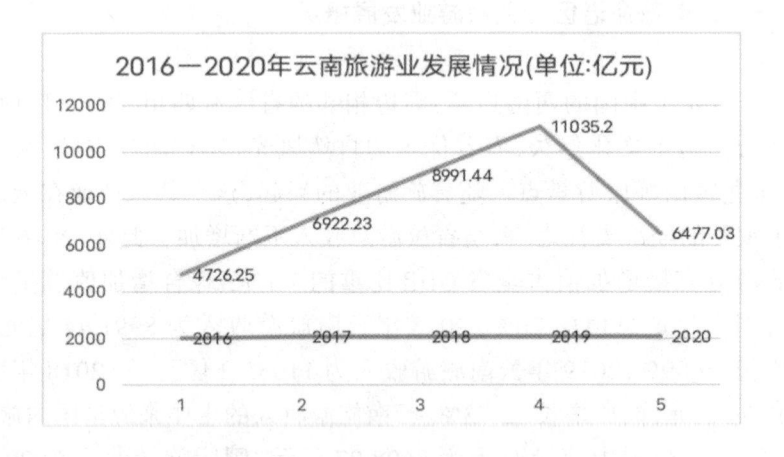

图 7.4　2016—2020 年云南绿色旅游业发展概况

本文首先运用专家评分法对收回的问卷原始数据进行处理,计算出各因素的权重,然后将每个因素下的评估指标获得的分数乘以它们各自的权重,然后将它们相加,得到每个因素的分数,应用 GEM 模型进行计算,得出云南革命老区各市绿色旅游绿色产业集群发展的 GEM 得分。

二、云南革命老区绿色旅游产业发展 GEM 模型及其评价

根据所构建的 GEM 模型及其评价指标体系设计问卷,通过专家评分法收集各专家对各因素的评分,了解云南革命老区绿色旅游绿色产业集群发展的现状。

为确保数据来源的广泛性和客观代表性,通过设计调查问卷,邀请当地旅游饭店、旅行社、旅游相关的景区和广西革命老区高校的旅游专家进行打分,计算指标权重。比分是 1 比 10。收集并汇总调查问卷,把每个指标样本的平均值乘以它的权重,得到绿色产业集群发展的综合得分。应用 GEM 模型进行计算,得出云南革命老区各市绿色旅游绿色产

第七章　滇黔桂革命老区绿色旅游产业协同发展

业集群发展的 GEM 得分(表 7.3)。

根据 GEM 模型,云南革命老区绿色旅游产业集群各子系统的因子对得分可按照公式(7.4)计算如下:基础设施 PS 等于 7.30,企业 PS 等于 7.535,市场 PS 等于 7.464。因子对得分表明,云南旅游产业基础和集聚效应均表现较好的发展趋势,旅游产业各个要素之间具有较好协调性。另外,云南旅游产品市场和旅游公司得分高于旅游基础设施,这表明云南绿色旅游产业基础设施还要进一步完善,这样便会更有效地促进旅游产业的发展,进一步提升旅游产业集聚,降低绿色旅游产业集群的集聚产生负面影响。最近几年,随着旅游项目的进一步开放,绿色旅游的发展促进了人们生活水平和生活质量的提高,提高了当地经济发展水平。并且,绿色旅游的发展离不开旅游专业人员的支持和培训,充足的人才储备和合理的员工结构是绿色旅游发展的可持续动力。同时,要规范旅行社和旅游行业协会,提高应对突发事件的能力,加大对旅游资本的投入,为云南革命老区旅游业的发展提供坚强的后盾。

表 7.3　云南革命老区绿色旅游产业 GEM 模型及其评价指标体系

因素对	准则层	指标层	样本均值	指标权重	得分
基础	资源因素	A1 旅游区位条件	7.6274	0.160357	7.293004
		A2 旅游资源特色	7.332	0.143528	
		A3 旅游资源丰度	7.4782	0.117355	
		A4 旅游资源品位	73446	0.224285	
		A5 旅游人力资源	6.9864	0.195442	
		A6 旅游资本资源	7.088	0.159034	
	设施因素	B2 旅行社	7.798	0.092884	7.313754
		B3 旅游交通	6.644	0.300083	
		B4 旅游饭店	76388	0.223649	
		B6 旅游行业协会	7.7986	0.083744	
		B8 旅游商业环境	7.5332	0.168967	
		B9 居民生活环境	7.3568	0.130673	

续表

因素对	准则层	指标层	样本均值	指标权重	得分
企业	供应商/相	C3 旅游相关行业发展	7.7968	0.600144	7.577759
		C4 旅游企业间的协作	7.249	0.399856	
	企业结构	饭店低中高档比例	7.6328	0.290906	7.493959
		旅游企业盈利能力	7.437	0.709094	
市场	国内市场	国内旅游规模	7.5318	0.588989	7.48889
		本地旅游消费需求	7.4274	0.411011	
	国外市场	国际旅游市场规模	7.397	0.483185	7.440516
		国际旅游收入状况	7.4812	0.516815	

第四节 贵州革命老区绿色旅游业发展情况

贵州地处中国西南地区,与重庆、四川、湖南、云南、广西接壤,不仅是长江经济带的重要组成部分和西南地区重要的交通枢纽,还是国家生态文明试验区和内陆开放型经济试验区,拥有丰富的自然旅游资源。近几年,贵州的旅游业有着良好的发展趋势,截至2019年,全省的旅游业总收入达到12318.86亿元,同比增长30.07%;2020年受全球新冠疫情影响后,整个省内旅游总收入降至5785.09亿元,同比下降53.04%。2016—2019年间,贵州旅游总收入直线上升,然而到2020年受疫情影响,旅游总收入跌至5785.05亿元,增长率下跌53%。随着我国旅游业发展日益成熟,其对经济的带动作用愈加明显。旅游业的经济带动作用最明显的就是对GDP的贡献,2019年我国第三产业总值达到553976.8亿元,占GDP的54.92%,其中旅游业总收入占GDP比重为2.21%。

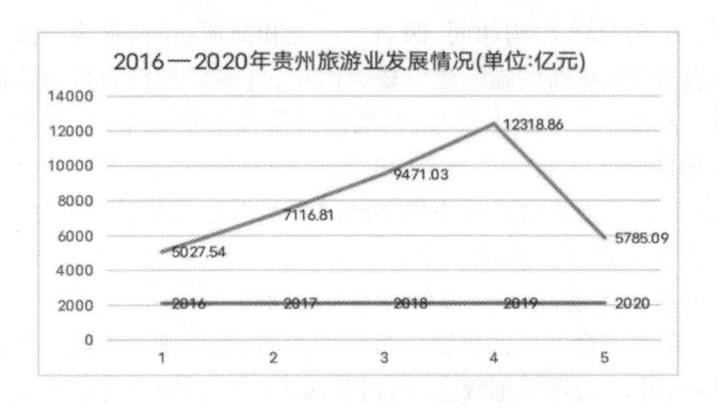

第七章　滇黔桂革命老区绿色旅游产业协同发展

图 7.5　2016—2020 年贵州绿色旅游业发展概况

目前对绿色旅游产业集群发展的识别方法主要有两类：一是从定性的角度识别，即判断绿色旅游产业集聚区是否具备了绿色旅游绿色产业集群的外部特征，可以采用计算资源分布密度、空间基尼数、赫芬达尔指数、区位熵以及波特"钻石模型"等方法；二是从定量的角度识别，也就是说，为了确定绿色旅游产业集群地区是否具有绿色旅游产业集聚的内在特征，可以使用产业链相关性、主成分分析法、投入产出分析、多元聚类法和图论法等方法。考虑到绿色旅游业的产业特征以及获取相关统计数据的难度，采用了产业规模和区位熵计算法与熵权赋值法和 GEM 模型结合的方法，来判定贵州革命老区绿色旅游绿色产业集群的发展状况。

根据上述 GEM 分析和熵值赋权相结合的方法，问卷收集到的数据用 Excel 和 spss 软件进行处理，并根据上述加权结果计算出每个因素的得分、每个因素对的得分和 GEMS 总分。结果如表 7.4 所示。

（1）企业"因素对"得分较高，说明该地区拥有较成熟的企业入驻，拥有较完善的旅游服务。这些企业在互相竞争的同时，推动了本地的经济收入，推动了当地的商业化发展。企业间的联系优化了当地的人力资源配置，优化了当地的产业结构，在推动就业和绿色旅游产业发展上更为有利。但是过度的商业化带来的是旅游体验的同质化和消费者文化体验的降低。贵州革命老区许多地区已经出现了旅游项目同质化、旅游资源的破坏、游客旅游体验下降的问题。这需要政府的宏观调控，在商业化与本地的旅游文化上做出取舍。

（2）"基础"因素对较低，说明在贵州革命老区的喀斯特地貌上，山势连绵，山势巨大，山沟相间，四周为山地和高原，中南部为丘陵和平地的地形背景下，基础设施的建设较为困难，许多地形没有作为旅游资源的条件，基础设施修建也较难，在地形同质化的前提下，导致需要开发的旅游地区较少。贵州革命老区的旅游资源中的人力资源和资本资源较低，说明在贵州革命老区中仍然较缺少旅游建设相关的人才，资本入驻的条件也不理想。贵州革命老区多为丘陵山体，开发难度大，同时许多地区同质化严重，存在开发价值不大的问题。

（3）贵州革命老区的旅游项目较为闻名，吸引了许多国内外的游客观赏，国内外市场规模都较大，贵州革命老区旅游项目各市的旅游业都拥有较好的发展前景。从总体得分来看，贵州革命老区各城市的绿色旅游绿色工业集群发展水平处于全国中上游水平，面对全国的绿色旅游产业也较有发展。

表 7.4　贵州革命老区绿色旅游产业 GEM 模型及其评价指标体系

因素对	准则层	指标层	样本均值	指标权重	得分
基础	资源因素	A1 旅游区位条件	6.8372	0.15032	7.583806
		A2 旅游资源特色	7.4521	0.15342	
		A3 旅游资源丰度	6.7762	0.14732	
		A4 旅游资源品位	6.8456	0.19428	
		A5 旅游人力资源	6.8854	0.18943	
		A6 旅游资本资源	6.789	0.17893	
	设施因素	B2 旅行社	7.698	0.08288	7.67608
		B3 旅游交通	6.677	0.36706	
		B4 旅游饭店	7.637	0.27664	
		B6 旅游行业协会	6.978	0.18674	
		B8 旅游商业环境	6.933	0.17898	
		B9 居民生活环境	6.696	0.1736	
企业	供应商/相	C3 旅游相关行业发展	7.696	0.57014	7.33867
		C4 旅游企业间的协作	7.579	0.41985	
	企业结构	饭店低中高档比例	6.934	0.32091	7.64073
		旅游企业盈利能力	7.534	0.72908	

第七章 滇黔桂革命老区绿色旅游产业协同发展

续表

因素对	准则层	指标层	样本均值	指标权重	得分
市场	国内市场	国内旅游规模	7.633	0.61893	8.04333
		本地旅游消费需求	7.526	0.44101	
	国外市场	国际旅游市场规模	7.467	0.49317	7.460905
		国际旅游收入状况	7.571	0.53681	

第五节 滇黔桂革命老区绿色旅游产业协同发展提升策略

一、广西革命老区绿色旅游产业提升策略

旅游企业是绿色旅游产业的主体,绿色产业集群要保持持续的竞争优势,旅游景点之间就必须保持和加强自身的核心竞争能力。

(一)加强旅游产业与相关行业之间的交流与合作

旅游产业涉及相关的行业较多,如餐饮、交通、娱乐以及购物等行业。这些行业与旅游产业存在很紧密的联系,在经营中出现了问题都会影响旅游产业的发展,因此,加强这些行业服务的改善会有力促进旅游产业的发展。旅游产业的发展会相应带动这些关联产业的发展,旅游业与许多行业之间有着很大的联系。因此,加强旅游产业与这些关联程度较密切的行业的交流和合作,不仅有利于促进这些相关产业的发展,而且能够极大推动旅游产业发展。旅游产业和这些相关产业必须建立在相互信任的基础上加强信息和知识的共享,提高彼此之间的管理水平。特别需要指出的是要定期开展旅游公司和这些相关的行业采用正式或非正式渠道进行知识、信息和经验交流,加强对旅游公司员工的业务能力和职业道德的培训,提高公司员工的业务水平和职业道德水平。同时也要不断开发旅游新产品,不断向游客推出赏心悦目的旅游产品;促进旅游产业和当地特色产业融合发展,加快建立和完善旅游产业内部各个

细分行业的管理制度和公司文化;扩大旅游公司和当地旅游景区的合作交流,实现旅游公司和相关的产业以及当地旅游景点的协同发展。同时应加强培养实力较雄厚的旅游龙头公司,促进龙头旅游公司带动当地旅游景区的高质量发展。

(二)注重人员培训,提高创新能力

绿色旅游产业长足发展离不开绿色旅游产业的创新。旅游产业创新主体涉及旅游公司、酒店、旅游交通、旅游景区等经营活动主体。这些旅游产业创新的主体在管理制度和管理方法、服务态度和服务质量,特别是旅游景点设计和规划等都要结合游客需求进行创新,旅游创新各项活动经过创新可以更好满足游客需求,提高游客对旅游产业的满意度,激发游客对旅游产品的消费热情。为了促进旅游产业的创新,旅游公司应充分认识到员工是旅游创新动力,实施人性化管理,提高员工的专业技能,为业务创新创造条件和基础。加强对旅游产业的员工进行定期培训,引导旅游产业员工关于旅游产品如何进行创新,如可以就旅游管理制度和旅游组织以及旅游市场等方面讲解如何进行创新。通过对旅游市场、旅游产品和旅游组织管理等方面进行创新,可以充分挖掘广西旅游资源潜力,减少淡季旺季差异。另外,根据广西革命老区旅游区的资源特色,广西的旅游产业必须开发多种形式的旅游产品,如着力发展生态旅游、度假旅游、背包旅游等多元化的旅游产品,同时对广西旅游区进行科学的细分,分为低中端和高端旅游产品来满足不同游客对旅游产品的需求。

(三)增加对当地旅游资源的开发与运营

旅游资源的开发往往是相似的,需要合理改善和开发,深入研究各地区旅游资源的特点,研究广西革命老区各地旅游资源开发的协调与利用。目前需要加强基础设施的建设,增加外地游客的游玩体验,更好地激发出绿色旅游产业的活力,同时需要对当地的旅游项目做出特色化、产异化,这需要管理者的精细运营,对绿色旅游产业管理的专业水平和对当地人文的深入了解。当地政府精准把控不同城市旅游资源开发的差异和特点是广西革命老区旅游业全面发展的基本前提。这一前提的

第七章　滇黔桂革命老区绿色旅游产业协同发展

重点是强调对广西革命老区旅游资源开发的规划、旅游资源开发合理配置和旅游资源开发科学设计。广西革命老区旅游资源开发应展现综合的区域特色,从不同角度展现丰富的历史文化内涵,从不同视角反映广西革命老区独特的民族风情和景观。

（四）建立和健全旅游产业标准化管理体系,促进旅游景区资源的标准化管理

旅游产品的开发和工业产品的开发一样,都需要遵循标准化。产品标准化是管理的基础性工作之一,旅游产品的标准化是提高旅游产业的质量,改善旅游景点环境以及酒店服务和餐饮等服务质量的必然要求。加强建设旅游产业的标准化重点应该建立和健全旅游产业的生产经营服务的各方面指标体系,如对风景名胜区文化和旅游部门应制定严格的标准,规范配套产业的发展。按照建立的标准化对旅游产业的业务进行有效管理。事实上旅游产业进行标准化建设有力促进旅游景区的发展,如北海的旅游景区发展指数在广西排名第二,主要因北海多年来,政府对旅游资源邀请行业专家从高标准化的规划设计入手,推动了北海的旅游标准化的实施,提升了旅游产业的员工素质。同时,政府加强了旅游产业的基础设施建设,如对交通网络、风景区停车场、厕所等基础设施正确设置,加快了旅游产业的发展。需要指出的是旅游产业实施标准化的一个主要目的在于吸引游客,在于充分挖掘广西丰富的旅游资源,通过旅游业的标准化进一步带动广西民俗文化的发展,并提高其知名度。

（五）加强政府在旅游产业发展中的协调和管理作用

前面分析了旅游业涉及的行业比较多,旅游产业的发展既有旅游产业内部各个部门之间的相互影响相互作用,又有外部环境的驱动作用,内外部共同作用促进了旅游产业的发展。前面阐述了旅游产业内部各个行业之间沟通交流,各个行业的和谐相处才能促进旅游产业的发展。下面分析一下旅游产业的外部社会环境如何影响旅游产业的发展。

影响旅游产业的外部环境主要有外部营商环境、外部的行业和政府相关部门。外部的社会环境是旅游产业顺利发展的重要条件,外部的社会环境包括比较宽松的当地政策、比较方便的交通网络设施、比较开放

和合作的与绿色产业相关的合作机构。在旅游产业外部环境的主体中,政府对旅游产业的监管作用越来越重要。政府应该出台相应的促进旅游产业的相关政策,加强对旅游景点的管理,防止旅游景点强迫游客购物的行为,政府管理有利于加强旅游公司与旅游文化管理机构合作,政府对于旅游业管理有利于许多机构加入旅游业的发展,这不仅是一个提高效率的过程,也是激发各种机构活力的过程。政府对旅游的监管也加强旅游产业配套设施的建设,实现旅游公司和相关的其他公司和组织的和谐发展。同时,应发挥政府在旅游资源开发的作用和协调旅游公司和其他社会相关的组织协调职能。加强旅游景区的培育,配合旅游公司扩大旅游景区的知名度。此外,政府依靠相关领域的专家对旅游业发展进行科学规划,并在规划方案和保障制度方面发挥主体作用,如在民族文化旅游和资源开发管理方面,始终坚持整旧如旧,力求保持原来风貌,增强游客的体验感。

(六)重视生态环境的发展,促进绿色旅游业可持续发展

绿色旅游业与生态环境密切相关,只有协调发展才能实现"双赢"。加强绿色旅游产业与生态环境的保护是绿色旅游产业可持续发展的重要保障。要把生态环境的保护贯穿于旅游产业发展的全过程。旅游产业要树立生态优先的发展理念,旅游产业内部各个行业包括酒店、餐饮、交通和景点等各个经营主体都要有生态保护的理念,践行生态旅游。对于旅游产品的开发不应以牺牲为代价开发。应该禁止以资源生态系统遭到严重破坏来开发旅游产品。为保护生态环境,旅游产业应贯彻旅游产业与生态环境保护一体化,建立一个综合生态系统来促进旅游产业发展。同时,要发挥旅游产业主体合作,促进主体之间就生态保护进行协调与合作,发挥旅游产业主体之间联动作用,促进建立和完善旅游产业和生态环境保护的治理体系,在旅游产业的发展治理过程中,旅游产业相关部门应联合生态环境、水利、水土保持等部门,一方面落实促进旅游产业发展,一方面落实生态环境的保护,做旅游产业可持续发展相关工作。此外,旅游产业公司和相关主体应打造宜居宜游的旅游景区,促进旅游发展与当地居民生活质量的提高,同时在旅游景区宣传环保意识,牢固树立环保理念,结合区域文化景观要素为居民和游客营造美好的空间。

第七章　滇黔桂革命老区绿色旅游产业协同发展

（七）提升地区旅游业韧性建设，强化应对外部干扰能力

旅游业的韧性建设是指一个地区在发展旅游业的过程中预防和恢复不可预测的灾害的能力。由于一些外部因素，禁止发展高度依赖市场的旅游业，景区游客数量减少，入境游客数量有限，消费者需求减少，旅游市场缩小，这些问题已经产生了很大影响，因此需要解决这些问题。旅游业的恢复力需要加强。在我国的旅游开发中，恢复力发展的思想并未得到充分贯彻，缺乏对旅游恢复力概念的实施。所以，在旅游行业面对各种扰动时，各个层级系统应该明确职责，层层有序，迅速采取行动，解决问题。通过实践，推动恢复力观念与旅游开发计划制度的融合，实现对现有旅游开发计划制度的调整与改进。要建立一个统筹协调、高效灵活的旅游经营组织，加强对旅游经营的纵向监管，在发展的过程中，旅游业的发展牵扯到许多产业，在发生突发性自然灾害或者是发生了一些重大的社会危机时，每一个产业都需要一个健全的应变体系。比如，相关部门可以对国有重点景点的门票价格进行下调，并加速对其进行产品和服务的创新，从而更好地发挥出旅游消费的潜能，为旅游业的恢复发展提供可参考的途径。另外，"云旅游"等新兴的旅游业态，既能让游客感受到高技术的旅行，又能让游客感受到更多的乐趣，更能让游客感受到更多的乐趣。

促进广西革命老区旅游业发展，需要探索多种因素：改善区域旅游资源，兼顾景区文化挖掘，创新旅游形式；在社会方面，创造有利的环境，完善管理机制，提高旅游质量；在环境方面，与环境主管部门的协调提高了游客和居民的环境意识，还应注意提高区域旅游业对未知外部因素的抵御能力。综上所述，各环节的协调发展可以有效地促进旅游业的整体发展。

二、云南革命老区绿色旅游产业提升策略

基于云南省人民政府关于印发云南省"十四五"旅游业发展实施方案，结合云南旅游产业的历史和现状，提出云南革命老区绿色旅游产业提升策略。

（一）优化旅游空间布局，构建藏滇桂边境旅游带

基于"一环、两带、六中心"基础上，抓紧构建滇桂边境旅游带，进一步深入挖掘香格里拉民族文化元素，促进香格里拉民族文化旅游景区发展，进一步开发滇黔桂各自特色的民族文化元素。将这些具有特色的文化融入旅游景区，提高旅游景区对游客的吸引力和感染力。与此同时，深入挖掘跨区域特色旅游景区功能，推动藏滇桂边境旅游带风景区发展。加快布鲁格布依风情小镇等旅游景区数字化基础设施建设，完善智慧停车场、电子闸机等基础设施建设，推动人脸识别、智能引导等技术应用，实现旅游消费数字化升级；拓展社会数字化应用场景，在消费、旅游、交通、购物等领域推广智能化。继续加强"三区三州"旅游大环线建设和品牌打造。加快推动以昆明、大理、丽江为旅游重点城市的旅游资源开发，促使其加快建成旅游枢纽城市，同时着力提高香格里拉特色旅游地功能的建设。培育建设兼有红色文化、历史文化、自然风光相融合的特色旅游区。全力推进智慧区建设，加快服务业数字化转型，启动4A级景区智慧化管理，完善全市及五县四区一市名片要素；加强A级旅游景区预约管理和数据汇集工作，推动待上线的景区对闸机通道、智慧停车场改造升级，深入推进文旅小镇信息化建设。

（二）着力发展城乡旅游休闲空间

加强对城市公园和慢行绿道等休闲设施建设，促进这些休闲地区成为市民旅游休闲的重要场所，同时完善这些地区的公共服务设施，加快构建城市游客和景区市民共享的娱乐和休闲生活圈。另外要进一步提高旅游景点服务和管理水平，提高旅游景区环境综合治理能力，逐渐形成"村村有景色、县县是景点"的旅游环境。推进大旅游资源普查，树立大旅游资源观，编制全省普查标准体系和工作规程。加强自然和人文资源普查，组织实施旅游资源普查，积极参与建立中国特品级旅游资源名录；建立部门协同机制，加快旅游项目建设，推动曲靖全城旅游和文化融合旅游，创建公共文化服务体系示范区。

第七章　滇黔桂革命老区绿色旅游产业协同发展

（三）推动文物活化利用

提升改造重点文化遗产旅游地，深入打造一批具有云南历史文化底蕴的文化产品，探索发展生态旅游新模式。支持旅游景区、宾馆饭店、民宿客栈等各类旅游企业开展绿色发展示范，实施节水节电、绿色低碳升级改造项目。引导绿色消费，评选一批绿色景区、绿色饭店、绿色餐饮。着力打造让游客放心、舒心和称心的旅游产品，高水平策划文旅项目。实施 A 级旅游景区倍增计划，持续推进创建国家级、省级旅游度假区，建设一批富有文化的旅游景区和度假区。加快建设一批精品（半山）酒店，打造具有云南特色的高品质旅游度假酒店集群。大力发展红色旅游区。

三、贵州革命老区绿色旅游产业提升策略

（一）深入推进"旅游＋"和"＋旅游"

推动旅游景区、酒店、旅行社等传统旅游行业与其他行业创新发展。促进农业、工业、商业、教育、体育、交通、康养等和旅游融合发展。培育认定一批康养度假、文化体验、城镇旅游、乡村休闲、户外运动、研学科普、水电生态旅游等新业态示范基地。争创国家文化产业和旅游产业融合发展示范区。适应旅游市场变化，大力推动旅游产业供给侧结构性改革，创新旅游新业态，完善旅游产品供给和经营范式，提升游客对旅游产品体验感，打造更多兴奋点、消费点。实现游客满意和旅游企业双赢。加快推进旅游和其他产业的融合发展。充分利用好生态、气候、温泉和山地资源，推动旅游与农业、工业、体育、教育、交通和商业等产业融合，拓展旅游边界，增加旅游综合效益。

（二）创新旅游消费场景

打造与旅游消费相关的夜活动。这些夜活动包括夜集、夜购、夜游、夜秀等主题活动，创建一批文旅游消费集聚区。同时积极开展文旅产业

的品牌创建,形成一批闻名遐迩的旅游休闲城市或城市中的街区。为了进一步扩大旅游休闲城市或城市中的街区影响力,需要历史悠久的、人们喜闻乐见的老字号产品或企业入驻城市或城市重点街区旅游景区。与此同时,对旅游景点开设能够吸引人眼球的旗舰店和体验店,增加旅游景区的热闹景象。另外,加强对工业遗址和老旧厂房通过融入相应的历史文化进行旅游景点的改造,促进城市大众旅游。为了促进游客旅游,应该鼓励各类市场主体对企业的员工进行旅游活动宣传,支持企业落实带薪休假制度,鼓励职工出外旅游。与此同时,旅游公司应加强旅游营销创新,采取旅游惠民措施,如推行区域旅游景点套票、月票、年卡和旅游公交等服务,刺激更多人员进行旅游。旅游公司要创新旅游产品。旅游产业的创新在遵循市场化和精细化与专业化的原则下,做好旅游产品的创新策划,推出一批旅游创新产品。为了促进旅游产业和相关产业的融合,产生更多旅游产业的新业态,旅游公司可充分利用一些重大活动和展会平台开展旅游产业融合的活动。同时充实旅游产业的资金。旅游公司应积极开展向民营企业招商,尤其是要引进与旅游产业融合的相关企业参与旅游重大项目建设。大力引导旅行社围绕红色旅游、避暑旅游、温泉旅游、民族特色旅游、研学旅游等打造精品旅游线路,推动餐饮、住宿、旅游客运、旅游景区、旅游商品销售、文化娱乐等企业通过"一码游贵州"智慧旅游平台加入贵州旅游精品线路。

(三)提升旅游公共服务水平

深入实施"贵州服务"提升工程。积极构建"旅游购放心购"营销服务体系。完善"快进慢游"交通服务体系,鼓励发展定制化旅游运输服务,推动自驾车露营地、国家步道建设。推动主要旅游线路、旅游景区、旅游度假区等停车场建设新能源充电桩。增加老年人、残疾人等特殊群体旅游设施供给。实施导游专业素养研培计划和"金牌导游(讲解员)"培养项目。开展"万名文旅人才"培训,引进、培养旅游紧缺人才。充分利用泛珠三角区域合作等有关平台,推动旅游业融入粤港澳大湾区发展战略,持续巩固广东作为贵州第一客源地的地位,积极组织省内有关单位和企业参加广东国际旅游产业博览会、深圳文博会、澳门国际旅游(产业)博览会、粤港澳大湾区举办的文化和旅游展会等,加强与粤港澳大湾区文化和旅游部门的交流与合作,积极引进粤港澳大湾区企业入

第七章 滇黔桂革命老区绿色旅游产业协同发展

黔投资文化旅游业。积极抢抓广东持续推动贵州帮扶地区高质量发展的历史性机遇,推动贵州文化和旅游厅、广东省文化和旅游厅共同签署《关于共同推动文化旅游发展的合作协议》落地落实,深化粤黔两省在客源互输、产业投资、交通接驳、文旅交流等方面的合作,谋求共赢。

(四)推动建设各种旅游示范项目

围绕遵义会议会址、黄果树瀑布、小七孔、镇远古城、西江千户苗寨、梵净山、赤水丹霞、施秉云台山、茅台镇等"拳头"产品,聚焦增强游客体验、重构商业模式、延长游客停留时间、增加旅游消费等,集中部分资金和资源,加快推进"拳头"产品和其他有条件的景区景点转型升级、丰富业态。我们将推动增加高品质酒店、民宿供给,加快建设一批高端酒店、度假酒店,引进一批大型品牌连锁酒店,精心打造一批精品民宿客栈。我们将更好地满足游客"舌尖上的需求",加快制订实施"黔菜"标准体系和服务规范,分类完善"黔菜"菜品体系,做强一批原汁原味、独具贵州特色的"传统黔菜"和地标性的风味小吃;推出一批根据省外游客口味进行改良创新、易于游客接受的"新派黔菜";打造一批高品质西餐厅、咖啡厅等中西餐餐厅。我们将深入挖掘旅游购物、娱乐消费潜力,支持苗绣、"贵银"、蜡染等民族工艺产品及品牌做大做强。我们将大力发展夜间经济,着力打造"流光溢彩夜贵州",鼓励有条件的景区景点开发夜间特色旅游体验活动,每个市(州)中心城市至少打造一个具有鲜明地方特色、文化娱乐商业融合的夜间经济街区。利用好酒博会、国际山地旅游暨户外运动大会等重大活动平台,加快构建贵州旅游宣传推广大格局,按照"深挖、提炼、扩面、广传"的要求,提升宣传推广的广度、精度、深度,充分运用新媒体、社交媒体等各类传播渠道,系统开展文旅形象宣传、品牌推广、产品和项目推介,稳固提升国内国际重要客源市场游客数量和质量,拓展国内国际潜在客源市场和新兴市场。不断丰富"山地公园省·多彩贵州风"旅游总品牌的人文和生态内涵,通过省、市、县三级品牌建设提质,形成具有浓郁贵州特色的旅游品牌体系,不断提升全省旅游品牌的美誉度和知名度。

第八章 滇黔桂革命老区绿色产业协同发展路径

第一节 广西革命老区绿色产业发展路径

近年来,广西以"三大定位"新使命为引领,抢抓机遇、坚定信心、攻坚克难,全面落实强首府战略和"三大定位"新使命,以生态文明建设为主线,以打造"壮美广西"为目标定位、以高质量发展为根本要求、以生态环境保护为重要任务、以生态文明体制改革为根本动力,推进"三化"协调发展。广西经济社会发展的巨大变化得益于良好的生态环境。近年来,广西森林覆盖率达到54.74%、城市空气质量达标率稳定在100%、空气质量优良率保持在96%以上,良好的生态环境为广西经济社会发展提供了强大动力。

一、加强政策支持绿色产业发展

改善绿色的生态环境和产业发展政策环境。良好的生态环境和绿色的产业发展环境,是广西经济可持续发展的最大优势和动力所在。广西壮族自治区政府连续多年推出了一系列支持绿色产业发展的政策,为绿色产业的发展提供了政策保障。出台了一系列支持绿色产业发展的政策,包括财政补贴、税收优惠、土地优惠等。良好的生态环境是广西经济社会可持续发展的重要基础。广西属于南亚热带季风气候区,年平均

第八章 滇黔桂革命老区绿色产业协同发展路径

气温在21.8℃至22.6℃之间,年均降雨量在1500毫米至2000毫米之间,森林覆盖率达57%,是我国重要的林业和生态大区。广西森林覆盖率高,生态环境良好,是世界著名旅游胜地。近年来,广西加快了经济建设步伐,经济总量迅速提升,工业基础不断夯实,产业结构不断优化。

二、推动产业升级

广西壮族自治区要加强绿色产业技术创新和产业升级,推动绿色产业向高端化、智能化、品牌化方向发展。广西壮族自治区政府要继续加大对绿色产业升级的政策支持力度,出台更多的支持绿色产业升级发展的政策,为绿色产业升级提供政策保障。随着科技的不断进步和技术的不断创新,绿色产业升级在技术上不断改进,为绿色产业升级的发展提供了技术支持。创立绿色产品设计示范区。鼓励生态设计试点项目,示范具有代表性的生态设计阶段,进一步推动商业生态设计和清洁产品标准。尽快出台绿色产业产品和技术与管理的标准化体系,在产业绿色转型化过程,加快对有色金属行业和建筑材料行业绿色化转型,以及对机械制造和汽车制造等产业进行绿色产业技术改造,与此同时加快对轻工纺织和医药制造等产业领域进行绿色转型的示范点展示。为了建立绿色产业转型的示范产业,重点选择一批产业基础条件、技术实力以及生产经营综合能力较强的产业园区,开展绿色产业园转型建设示范区,以此带动和促进产业绿色化转型,同时还可聚焦信息通信、汽车、器械、纺织等领域进行绿色产业链的转型。需要指出的是,对企业的原材料采购、生产和流通各个环节不仅要进行绿色化的转型,还要加强企业生产人员绿色采购、生产和流通的责任制,挖掘市场需求。

随着社会经济的不断发展和人民生活水平的不断提高,人们对绿色产品和绿色生活的需求不断增加,为绿色产业的发展提供了市场需求。加强市场开拓:广西壮族自治区要加强绿色产业的市场开拓,推动绿色产品在国内外市场上的销售和推广,拓宽绿色产业的市场空间。建立绿色产业联盟:广西壮族自治区要建立绿色产业联盟,加强绿色产业间的合作和交流,促进绿色产业的共同发展。

三、加强组织领导

广西要使得绿色产业长足发展,首先要求绿色产业绿色政府主管部门领导、绿色产业企业管理者和员工必须充分认识绿色产业发展的战略意义,从思想上高度重视绿色产业发展对于经济社会和人们生活质量改善的重要性,因此,各级部门要加强领导,积极宣传促进绿色产业发展作为推动生态文明发展的重要工程。同时,在实际工作中,要加强对绿色产业发展做出相应的制度安排,对开展绿色产业相关的工作要进行妥善布置,对绿色产业相关的管理政策必须与现实情况相结合,不能脱离现实制定过高要求的管理政策。为了推动绿色产业的发展,产业的主管领导和企业的管理者要经过调研,然后提出一些切实可行的建议推动工业绿色发展目标,同时对于绿色产业的项目和业务规划必须经过充分的酝酿,才能落地实施。对于绿色产业发展的组织管理,需要构建职责明确、协调规范、管理健全、廉洁执行的管理制度,促进工业绿色发展工作体系完善。加强对绿色产业相关指标的落实建立目标责任,对这些相关指标的执行效果进行评估,强化监督,保证绿色产业相关指标和绿色产业相关项目的完成有组织保障。另外,绿色产业的发展还应充分发挥行业协会、产业联盟的作用,促进重点产业和行业的绿色增长。推动公众对绿色产业发展过程中存在问题咨询和指导,为公众提供多方位、多方面关于绿色产业发展中存在问题的咨询机会。充分发挥各类媒体、非营利组织、行业协会、工会、公众等参与和管理绿色产业的发展,并积极对绿色产业发展进行充分报道,引导消费者树立绿色消费观念,弘扬绿色发展理念,为行业绿色发展营造良好的氛围。

四、建立和完善相关制度

建立和完善绿色产业发展的相关制度是绿色产业发展的保障。绿色产业发展制度的建立一方面必须吸收社会各界人士、企业主管领导和政府部门的主管领导以及相关领域的专业建议,另一方面也必须发挥市场对制度的检验作用。绿色产业发展的相关制度必须体现打造产业绿色发展长效机制。绿色产业发展的长效机制包括深化完善对资源开发和使用体系和资源定价体系,这个体系的建立能够反映市场供求、资源稀缺和环境破坏成本的市场化资源定价机制。建立和发展能源使用权、水权和污染处置权,碳配额初始分配制度、有偿使用创新、预算管理。在产业发展过程中,要构建一个涵盖产业发展整个生命周期与价值链的"绿色"管理系统。将能源效率、用水效率和环境保护领域的领导者聚集在一起,领导行动。制定并执行《工业节能管理办法》,加强对产业的规范制度和监督制度,为产业的绿色发展创造条件。为了发展绿色产业,必须经过多种渠道筹集绿色产业发展的资金,这些渠道包括社会资本、金融系统和政府预算。发展绿色产业的资金必须充分利用在绿色产业技术创新、节能减排和清洁生产上,重点支持传统产业绿色转型、绿色生产、资源整合等。同时,绿色产业的发展必须落实资源综合利用、节能节水、环境保护(专项)等方面的税收支持政策,将公共采购能源纳入绿色节能产品。

五、以产业高端化、绿色化为引领发展绿色产业集群

依托"油、煤、气、盐"多元化原料供应体系,发挥龙头引领驱动效应、绿色化集群效应、跨区域协同效应及产业绿色化示范效应,重点延伸发展,推动全产业链优化升级,着力打造面向东盟、服务西南的先进绿色石化产业基地。发展绿色石化产业需要打造绿色石化产业一体化策略,包括涵盖绿色炼化一体化发展模式,形成绿色多元化烯烃和绿色芳烃深加工机制,着力发展绿色石化产业的纤纺织、绿色化工新材料和绿色精细化学品等综合一体化绿色产业,形成门类齐全的绿色产业链条,建立和完善石化绿色产业体系,提高绿色产业关联度和增加绿色产品附加值,深化绿色产业精细化水平,初步形成绿色产业自主创新能力体系,同时优化绿色产业结构布局,着力发展绿色安全低碳的化工新材料产业集群,促进广西绿色工业高质量发展,提出改善重点地区绿色产业发展的措施。采取措施提高大气污染重点行业清洁生产水平。(1)提高水道清洁生产的措施。采取措施提高实施河流的污染防治措施,加强重点水污染行业的清洁生产能力建设。(2)减少污染的特征策略。目的是减少挥发性有机污染物、持久性有机污染物和重金属等污染物,并在关键行业和关键地点周围实施工业污染物减少战略。(3)推进绿色生产流程。在铸造、施工、焊接、切割、热处理、表面处理等方面,大力发展绿色核心技术,鼓励中小企业使用研发和清洁生产技术。(4)节约工业用水的措施。实施水保护项目,在钢铁、纺织印刷、造纸、石化、食品发酵等领先水务公司,利用用水效率,促进储水技术创新,出台缺水地区工业用水的具体措施,加强替代水资源的使用。(5)工业固体废物散装综合利用办法。重点推广熔融熟料与黑麦链、化学废弃物、沉积物、煤炭电废等的联合利用。(6)可再生资源综合利用措施。专注于高效粉碎,稀有金属物体的快速检测,并在金属废料、电气和电子废物、报废卡车、建筑废物等领域实施和推广一体化回收利用。(7)制造示范推广。先进的智能维修展围绕飞机发动机、燃气轮机、发动机外壳和其他大型整机和医疗设备、服务器、复印机、打印机、模具等进行。

六、发展绿色金融

用绿色金融来支持绿色产业的发展,持续扩大产业绿色贷款和绿色债券的范围,对金融产品和服务进行创新,并积极发展绿色消费信贷业务。积极探索建立绿色产业发展基金,以促进社会资金在绿色产业中的投资。建立将企业绿色发展、企业信用评级和贷款阶段联系起来的系统。鼓励金融机构对中小企业进行绿色转型,提供方便、优惠的保险和信贷支持,并积极发展租赁、信用知识产权和抵押保险的相关政策。政府应加强对金融市场的监管,强化对绿色产业的支持力度,为绿色企业提供必要的扶持和优惠政策,鼓励金融机构对绿色产业进行融资。建立一定的信贷保障机制,使绿色产业具有较高的借款人信用评级,降低绿色企业的融资成本。政府可以引导金融机构与绿色产业进行协同合作,在融资、风险管理、市场营销等方面进行创新,逐步形成以金融支持绿色产业创新、绿色产业培育金融服务产业发展的良性循环。绿色产业与金融集聚之间的互动关系将会越来越紧密。政府应该通过改革各种政策,完善金融服务体系,建立可持续的金融服务体系,为广西革命老区绿色产业提供更好的金融支持,为广西经济的可持续发展贡献力量。

在不断完善的生态治理体制机制下,聚集重点领域、关键环节的绿色发展,制定生态环境保护工作的系统性、整体性、协同性,以生态环境高水平保护助推广西经济社会高质量发展。

此外,为了环境保护补偿机制,应该加快促进绿色金融的发展,加强环境保护补偿与绿色金融的有机结合。加大对绿色信贷资金的投放力度,促进绿色金融体系的创新等,实现绿色金融推动绿色产业发展取得

第八章　滇黔桂革命老区绿色产业协同发展路径

积极成效。同时应建立和健全绿色金融改革创新试点,并完善绿色金融改革创新试点评估机制。有重点地选择南宁、柳州、桂林等地区进行绿色金融改革创新示范区,加强完善绿色金融创新政策体系,促进金融机构的资金流向绿色产业体系的创新,解决绿色产业企业发展的资金困境。同时在管理制度上应强化绿色金融激励约束机制,重点落实碳减排的票据再贴现计划,通过制定环境禁止令和补种复绿,以及增殖放流等制度措施,建立和完善民事赔偿与生态补偿有机衔接的环境修复责任制度,从而有效促进生态文明向更高水平的发展。与此同时,进一步加强不同绿色行业在技术、产品、市场等领域相互交叉、相互渗透,实现绿色产业技术在不同绿色行业之间的流动和共享,构建更高质量前提下以绿色金融促进绿色产业发展的机制。通过这种机制的作用进一步提升绿色产业的集聚,促进绿色技术创新与绿色经济的发展。

第二节　云南革命老区绿色产业发展路径

一、从政策上加大对绿色产业的支持力度

加大财政投入、鼓励企业技术创新、优化产业布局等,为绿色产业的发展提供有力支持。随着人们环保意识的不断提高,对绿色产品的市场需求不断增加,为绿色产业的发展提供了广阔的市场空间。随着科技的不断进步,绿色产业技术不断升级,成本不断降低,为绿色产业的发展提供技术支持。云南省地域辽阔,资源丰富,为绿色产业发展提供了丰富的原材料和劳动力资源。云南是我国重要的"高原特色农业基地",在其绿色产业发展过程中,农业生产的技术进步和资源优化配置是主要动力。云南省工业发展势头强劲,为绿色产业发展提供了广阔的市场空间。云南省旅游资源丰富,尤其是在生态旅游方面具有明显优势,为绿色产业发展提供了巨大的市场空间。云南省的民族文化独具特色,特别是在旅游业方面具有很强的竞争力。云南省正在实施"西电东送"和"云贵联网"等重大工程建设,为云南绿色产业发展提供了广阔的市场空间。云南省区位优势明显,有利于其成为我国向西开放的重要窗口。云南省已经成为我国重要的能源基地和粮食基地。云南省地处我国西南边疆,

民族团结、社会稳定、边关安宁为绿色产业发展提供了良好的环境。云南省是我国最重要的有色金属和贵金属生产基地之一,为绿色产业发展提供了丰富的原料和技术保障。云南省有丰富的生物资源、独特而丰富的旅游资源和具有重要战略意义的区位优势。多元化发展:应该在绿色食品、绿色能源、绿色化工等领域多元化发展,避免单一产业的过度依赖。加强品牌建设:云南省应该注重绿色产业品牌建设,提高产品的品质和品牌知名度。应该加强技术创新,提高绿色产业的技术水平和竞争力。同时应加快绿色产业的市场主体建设,引导绿色品牌企业的成长,提高绿色产业链主企业规模实力和新产品开发的力度,加强绿色产业与相关产业的融合,促进融合后的新业态发展。加强绿色企业营销的管理和创新,要对绿色企业产品的质量持续不断地进行产品质量的改善,扩大绿色产品的宣传,提升绿色产品知名度和美誉度,创造绿色产品的品牌,扩大绿色产品的市场占有率和产品影响力,实现绿色企业经济效益、社会效益、生态效益的全面发展。在绿色产业的创新上,要进行绿色产业的技术创新,以及产品创新和品牌创新,同时要加强对新业态的创新、组织模式的创新,实现以绿色企业为主体的创新体系不断完善。

二、根据各地资源禀赋和市场需求,优化绿色产业的布局

以昆明、大理、丽江等城市为中心的绿色产业集群,将绿色发展作为经济社会发展的根本任务,着力构建生态文明,以生态文明引领经济社会发展新模式。加强绿色产业结构和区域布局合理化,促进绿色优势产业质量持续改进,不断改善绿色产业发展的相关基础设施,支撑绿色产业企业规模不断扩大。尤其是要扩大具有当地特色绿色产品品牌的影响,促进对绿色能源与绿色先进制造业在绿色技术、绿色管理等方面的知识共享,谋划绿色硅谷和绿色能源,以及文旅康养和绿色物流等产业转型升级和协同发展,继续巩固和扩大先进制造、新材料、生物医药、数字经济、出口导向型产业等在整个国民经济的比重,并持续将这些优势产业做大做强,优化这些优势产业布局结构,形成具有较强竞争力的绿色产业集群。另外,继续加大重点产业园区建设力度,并深入挖掘产业园区的功能,提高优势产业向重点产业园区集聚趋势,初步形成优势互补、产业联动、区域协同、错位发展、链条完备的发展格局,立足丰富的生物资源优势,加快建设具有国际竞争力的生物产业基地。积极构建生

第八章　滇黔桂革命老区绿色产业协同发展路径

态文明,加强生态保护,优化生态环境,加快绿色发展。大力发展绿色产业、生态经济、低碳经济和清洁能源等;继续以"两山理论"为指导,大力发展生态农业、绿色工业和特色服务业。提升农产品加工产值与农业总产值之比,促进绿色能源与绿色先进制造业融合发展,以及新材料、生物医药等新兴产业,和生活性服务业向高品质和多样化发展,突出生产性服务业对制造业高质量发展的支撑和引领作用。推动绿色技术创新、制度创新和文化创新,加强政策引导,培育绿色生活方式和消费模式。着力构建生态文明建设的体制机制保障体系,着力加强法律法规的制度建设。

第一,着力加强国家公园体制试点工作。完善生态补偿机制,完善生态环境损害赔偿制度,建立生态环境治理体系和治理能力现代化建设长效机制;统筹推进绿色产业发展。构建重点产业园区(基地)和特色产业集群;促进工业绿色化转型升级。重点领域节能降碳改造扎实推进,一批企业达到能效标杆水平。资源利用效率不断提高,主要污染物排放总量持续减少,碳排放强度明显降低。

第二,加强农业和农村现代化建设。大力推进清洁能源发展,加强环境保护与治理工作,全面提升绿色产业发展水平。加快绿色农业发展和农产品质量安全体系建设,推进绿色工业转型升级和绿色发展,提升特色旅游业发展水平。扛牢粮食安全政治责任,牢牢守住保障国家粮食安全底线,以绿色生态为引领,以农民增收为目标,聚焦"1+10+3"重点产业。("1":粮食;"10":茶叶、花卉、蔬菜(含食用菌)、水果、坚果(核桃、澳洲坚果)、咖啡、中药材、牛羊(含奶业)、生猪、乡村旅游;"3":烟草、甘蔗和天然橡胶),加快农业产业化、规模化、标准化、品牌化建设,推进云南向现代农业强省迈进。

第三,着力打造农业绿色生产基地,实现绿色生态转型。绿色农业生产要基于云南的生态和自然资源优势,发挥自身拥有的自然条件,比如水、土、气候等优越条件,在绿色农业企业再生产过程中包括生产、加工和流通等环节实现绿色生产转型,重点建设一批绿色农产品生产基地,推进绿色农业高质量发展。为了推进绿色农业高质量发展,绿色农业必须加强对农业生产过程中产生的污染进行综合治理,特别对于污染比较重的农药一方面减少农药的使用量,另一方面推广有机肥的使用和实施绿色种养循环,同时加强对土壤污染的防治,提高畜禽粪污再循环利用率。打造一批建设绿色农业生产和绿色生态转型的示范区发展先行区。为促进绿色农业生产基地发展,必须建立和健全绿色农业生产的绿色标准体系,包括绿色生产标准体系、绿色技术标准体系、绿色产品和服务标准体系。根据这些标准体系,来引导农民推行绿色生产方式和经营方式,从而推进绿色企业在采购、生产、流通和销售各个环节的绿色化转型,促进绿色农业进行绿色技术和绿色管理全面提高。

第四,发挥比较优势,挖掘特色产品。为了提升云南绿色产业的竞争力,当下应着重培育一批闻名遐迩的绿色产品优质品牌。品牌的培育应根植于本地的优势资源形成的特色产品,如云南的奶乳业、茶叶、花卉、咖啡和水果等都具有相对优势和特色的绿色产业。具有本地特色乳业产品品牌的培育,要对奶牛种群进行标准化规模的养殖,形成规模经济效益。为此,在实际工作中要鼓励有实力的养殖企业扩大优质饲草料种植面积,提升优质奶牛种群培育的科技水平,继而打造绿色优质特色的乳业品牌。对于具有本地优势特色的山茶业提升其品牌知名度,生产经营山茶叶公司或企业要尽力提高制造高精精品制茶比重,加强山茶叶产地种植管理和对山茶叶的加工制作规范管理,扩大山茶叶品牌的知名度和美誉度,提升山茶叶的市场影响力。花卉产业也是当地优势产业,为了提升花卉产品的品牌,应着力提高高端花卉商业化育种,促进高端花卉产品在全国的影响力。对于咖啡品牌的培育,首先要提升精品咖啡比重,构建集种植、研发、加工和交易精品咖啡生产基地,同时加强对咖啡生产经营管理人员的培训,提高其业务技术和管理水平。此外,对于云南的特色绿色水果产业,如蓝莓、树莓等小浆果,以及早熟葡萄、冰糖橙、软籽石榴、晚熟芒果等,除了要尽快形成大中高端水果"一流产区"外,还需要着力延伸水果的种植、加工、销售等环节的产业链,推进绿色生产基地建设,完善物流体系。

第五,科学发展农业产业适度规模,加强现代农业产业组织体系。经济学的基本原理指出,只有形成规模化的经济才能产生规模效益。农业产业发展亦然。农业产业发展很大程度依赖土地的供给,而土地的供给往往是有一定限度,因此,农业产业规模不像工业企业的规模生产。工业企业的规模弹性较大,只要产品市场容量较大,而企业的固定资产较充足,因此工业企业的生产规模比较大。但农业产业受土地供给的限制,所以一般来说,农业产业的生产是适度的规模。发展适度规模农业产品的生产经营,需要加强对农业产业发展生产要素的有效管理,即农业产业的产品品种、技术和装备、人才和资金等要素进行有效配置,并

第八章 滇黔桂革命老区绿色产业协同发展路径

结合农产品的具体要求引入农业产业。与此同时,需要对农业产业的组织形式进行调整和改革,按照目前普遍适宜的"农户+新型经营主体+社会化服务"的组织形式,创新构建适应现代农业生产要求的产业组织体系。另外,对农业产业的营商环境也要进行改善,改善的重点是对农业产业的管理制度、市场环境、金融环境、交通运输、道路建设等方面进行进一步优化。另外,加强和引导社会资本投资农业产业,加大对招商引资的优惠政策的制定和管理,培育具有一定实力的农业产业"链主"企业,打造具有现代技术和管理的农业产业链。另外,运用现代先进技术进行农产品精深加工,增加农业产品的技术含量和提升其农产品的附加值。同时,加快使农产品从之前的以"卖原料"为主向以"卖产品"为主的生产方式转变。谋划农业产业和乡村休闲旅游产业协同发展路径,精细实施乡村旅游精品工程,着力建设具有绿色特色的乡村旅游区。此外,加快发展农业产业中的细分行业,如创业农业、康养农业以及体验农业等新兴业态的融合,推进农业中的种植养殖业、加工制造业和服务业协同发展。进一步谋划农业种植生产基地布局,促进农业功能产品的互补和功能农产品市场体系的建设,拓宽农产品销售渠道,充分运用当前互联网渠道促进农产品的销售,完善农产品的物流系统,促进双循环的农产品供应链的建设。

第六,加快完善市场主体之间合作,建立健全市场主体利益共享机制。农村产业发展离不开农业各个市场主体和其他产业相关主体之间的合作与交流,特别是要充分发挥农业产业头牌企业带动农业产业发展主力军作用。因此,加快引导农业骨干企业在资金、人才和管理方面支持,帮助农业中的中小微企业发展,加强农民专业合作社和家庭农场,以及农户之间的技术、知识和信息交流,尽快建立和健全它们之间利益联结机制,让农户在农业产业链形成和发展中享受更多的增值利益。另外,要进一步制定和完善农村产业相关的生产要素流动与管理,引导农村产业各个市场主体在参与市场活动中获取相应合理的收益。同时要建立和完善市场主体利益分享及动态调整机制,促进农民利益稳定增长。与此同时,要积极发展多种形式以不断提高农业产业市场主体和农民增收,比如农业企业通过产品订单的增加促进农业企业规模的扩大,企业规模扩大带动农民就业增加,继而提高农民的收入。此外,农业企业还可通过利润返还和保底分红等形式带动农户共同发展。为了鼓励农业企业对那些投资风险不大、土地产出率较高行业和产品投资,可给予一定风险补偿,支持农村集体组织对那些闲置宅基地和闲置农房等资源性的资产进行盘活,获取相应资源带来的收益。支持农户自愿以合法的实物资产和专利技术等入股到农民专业合作社或企业,促进农民合作社或企业的发展,同时也拓宽农民的增收渠道。

三、打造绿色产业集群,推动价值链趋向高端化

产业集群向绿色高端化发展,是产业集群发展的客观趋势,也是提升产业集群核心竞争力必然要求,更是区域经济长期稳定发展的必然选择。为此,当下应加强对产业集群以智能化、绿色化、高端化的发展,以集群龙头企业为绿色化改造和高端化为引领,带领集群中小企业进行绿色产业转型,并促使中小企业提高产品的技术档次,逐渐从以劳动密集型为主向、以技术密集型为主的转变。对于绿色产业集群发展总体方向可以概括为:以绿色低碳发展为路径,以技术密集型为主要生产方式,以产业链的高端化为目标,以产业集群创新为动力,以提升产业集群竞争力为核心的产业体系。为实现绿色产业集群总体方向,当下云南产业集群重点发展绿色铝业产业集群和绿色光伏产业集群。

(一)加大对绿色产业集群产品的深度加工,促进铝业产业集群的绿色转型

发挥集群中的头牌企业绿色生态主导作用。严格执行电解铝总量控制要求,严控电解铝产能规模。瞄准产业集群产品精深加工,进一步提高产品的高附加值,发挥集群中头牌企业在集群发挥绿色生态主导作用,带动集群中的中小企业在产品的设计和研发、加工和制造等领域进行绿色化生态化转型。同时加强集群中的优势企业集群在绿色技术和绿色管理方面发挥示范效应。在产业集群绿色生态化转型中,要重点聚焦产品内在属性、产品的外部包装、产品的运输和产品服务等领域的绿色生态化。同时要加快对新型材料、建筑模板、汽车零部件、轨道车辆等领域的产品进行绿色化改造。特别需要指出的是由于铝产业和相关产业关联比较大,因此,加强铝合金轮毂和包装用铝板带箔、新能源动力电池箔和铝制家具等与铝相关的产品的绿色化生产显得尤为重要。为此,要鼓励铝的绿色加工与电解铝绿色的企业加强绿色生产经营的合

第八章 滇黔桂革命老区绿色产业协同发展路径

作,培育壮大铝产业绿色企业,加强绿色铝产业园区建设。重点加强在铝产业比较集中的文山州、红河州地区打造绿色低碳高端化的铝产业园区,延伸铝产业产业链。要把铝产业链的绿色技术升级和铝产业精深加工,以及铝产业的终端产品制造作为重要的技术研发方向,构建铝产业的企业利益共享和风险共担机制,健全铝产业链条完整的企业组织体系。同时,深入开发与铝产业相关的绿色铝产品,包括建筑、交通运输、电力电子、产品包装和家具等产业的用铝产品。同时加快推动电解铝绿色精深加工项目,尤其要加强轻量化铝挤压材料和高性能泡沫铝构件等项目的绿色化改造。同时要鼓励绿色铝产业链头牌企业与铝加工企业、配套企业开展绿色铝产业链合作,并促进绿色铝产业各个市场主体共同参与绿色铝产业链发展。另外,加快提升绿色铝产业的创新能力的建设;加强营造绿色铝产业协同创新氛围,支持和鼓励绿色铝产业创新平台建设,包括绿色铝产业技术创新中心。鼓励绿色铝产业的头牌企业加大绿色铝产品的技术研发投入,包括原铝低碳冶炼创新技术,以及铝电解槽余热回收技术等,提高绿色铝产品技术创新的示范应用。鼓励绿色铝产业市场主体与绿色铝产品相关的科研机构开展联合攻关,当下关于绿色铝产品联合攻关项目,主要围绕高性能铝合金材料和铝冶炼技术、铝基新材料和铝材精深加工等方向产品。加强绿色铝标准技术体系建设,满足市场和创新需求。支持铝产业人才培养和引进,建设高水平创新团队。

(二)聚焦光伏产业集群高端化绿色化发展

根据光伏产业集群的发展实践和现有研究者的研究成果指出高端化、绿色化、集聚化是光伏产业集群的发展方向,巩固发挥光伏产业集群主导环节优势,对于推动光伏产业集群形成绿色低碳和创新驱动的高质量发展道路有着重要的作用。光伏产业集群一方面要重点支持光伏产业集群的龙头企业扩大生产规模,提高绿色生产电池片环节技术,做大做强绿色电池片产品,加快拓展绿色单晶硅片生产规模,促进绿色单晶硅片销售能力的提高。同时加快培育具有纵向拓展业务能力的光伏产业链"链主"企业。鼓励"链主"企业在产品的生产技术引进高转换效率和双面PERC电池产品,同时不断探索技术更先进的TOPCon电池和HJT电池,谋划铝浆和银浆等配套产业发展。与此同时,要加快建设光伏产业园区。将具有较大优势光伏产业的曲靖市打造成为全省光伏产业核心区,充分发挥光伏产业核心区在对光伏产业的经济技术开发的龙头引导作用,推动绿色光伏产业和其他绿色产业协同发展。此外,推动绿色低碳光伏产业创新发展。鼓励光伏产业企业积极转变发展战略,实施绿色发展,通过绿色发展创新促进资源和能源利用效率的提高,强化资源高效高质回收利用,降低生产过程中能耗、物耗、水耗和污染物排放。积极鼓励光伏龙头企业与上下游企业开展绿色环保的协同创新,建立绿色生态供应链体系。加快建立绿色低碳光伏产业创新研发中心,支持光伏企业与科研院所联合就光伏关键共性技术开展研发,建立技术共享机制与技术攻关成果应用。

四、以绿色化、数字化、智能化,促进现代制造业发展

提高现代制造业的核心竞争力在于提高制造业的绿色化、数字化、智能化。要以绿色化、数字化和智能化促进制造业的产业结构转型升级。制造业的产业结构转型升级就是要提高制造业绿色技术水平,促使制造业生产过程实现数字化技术和智能化的发展。当下要重点对制造业进行结构调整,加强补充制造业生产经营补短板能力,提升制造业增长的动能,强化绿色技术和智能化技术的应用,加强制造业与服务业融合,不断促使新业态的产生,同时加强培育一批先绿色化、智能化的制造业产业集群,提升制造业产业集群的绿色中高端产品和技术装备供给能力,促进重点制造业行业绿色低碳、数字化和智能化产业发展能力的提升。当前,对于云南的制造业发展,一是为促进农业产业的发展,加大对磷化工制造业产品的精深加工。稳定磷化工制造业产品的产量,推进磷化工制造业产业的结构调整和升级,将磷化工制造业的高端水溶肥和特种功能性肥料作为重点发展的产品,提高这些产品的复合化率,同时,加强磷化工制造业产品细分市场差异化管理。培育巩固云南磷化工制造业产业链,打造磷矿—黄磷—磷酸—精细磷酸盐及磷化物全产业链,并充分发挥产业链各个企业协同发展的优势,深入开发产业链各产品绿色功能,尤其是对磷化工产业相关的产品系列,包括磷系电子化学品、磷系功能材料、高纯次磷酸盐,以及磷酸钙盐和医药级磷酸盐产业链等进行绿色深度开发,提高这些产品绿色附加值,构建磷系加工产业体系。充分发挥云南在磷化工制造业技术方面的优势,做大做强磷

第八章 滇黔桂革命老区绿色产业协同发展路径

化工制造业产业链。同时发挥磷化工制造业产业链的龙头企业带动作用,推动磷化工上下游企业集聚发展,实现耦合共生,打造低碳循环化的磷化工产业集群。此外,紧紧依托云南在工业硅产业和化工产业等方面的优势,加快构建硅化工产业链,为了进一步促进硅化工产业链的延伸,需要从硅化工产业链的基础原材料开始,到有机硅单体和中间体等下游产品打造硅化工全产业链。同时支持硅化工产业链的龙头企业发挥技术、资金和市场优势,来引领有机硅下游生产企业提高技术和管理水平,并将其生产的产品扩大在相关产业上的应用。这些相关产业的应用主要包括在建筑材料产业和电子电器产业,以及消费品制造和医疗器械等行业。同时还要加强延伸下游与硅相关的产品,包括硅油、硅橡胶和硅树脂等产品。积极推动绿色装备制造业创新发展。以昆明为重点区域促进先进绿色装备制造业发展,并形成对周边地区的辐射力。当下要重点推进节能电机和智能成套设备以及风电装备等研发生产。聚焦数控机床产业链核心功能部件配套企业提高核心技术攻关,推动中高端数控镗铣床等优势产品提质增效。支持自动化物流装备、铁路养护装备等特色领域的优势企业提高研发、生产、技术、服务水平,打造"产品+运营+服务"一体化模式,提升市场占有率。围绕战略性新兴产业发展对装备制造的需求,加快培育壮大电子设备、节能环保等装备制造业。

五、加快绿色电源布局,着力发展绿色能源产业

以绿色能源重大项目建设为抓手,提升绿色能源安全可持续保障能力,推动绿色能源与绿色先进制造业深度融合。重点发展绿色能源重大项目,加快绿色电源布局。以生态环境保护优先,利用水电开发优势加快水电能源工程建设,重点加强白鹤滩水电站和托巴水电站,以及旭龙水电站等工程建设,同时加快研究梯级水电扩机,以及推进奔子栏和古水水电站前期工作。

构建新型电力系统。在数字经济时代,要将数字技术运用到电力系统上、相关的匹配产业上,对于电力系统的技术开发,要重点加强对智慧电网核心技术攻关,加强对区域电力枢纽建设和区域电力资源的优化配置。在发展新能源上,一是建立和健全新能源重点项目库;二是建立和健全新能源市场化和统筹与分层分级相结合的管理机制,促进林地资源和生态环境的保护与新能源开发协同发展;三是按照"能核尽核、能开尽开"原则积极发展储能产业。在加快新型储能发展项目上,要着重抓好储能材料研发,以及加强建设新能源电源配套设施。鼓励支持电网侧和用户侧储能发展,加快建设共享式配建储能项目和以电化学等新型储能为主的产业链条。同时着力抓好抽水蓄能项目开工建设构建多元能源供应体系,加快对多元能源供应的关键技术攻关,同时规划燃气发电项目和电力供应能力项目。

第三节 贵州革命老区绿色产业发展路径

贵州近年来坚定绿色低碳发展,大力发展大数据、新能源电池及新材料、生态旅游产业,经济结构不断优化,万元地区生产总值能耗降幅居中国前列,绿色经济占比达到45%,优美的生态环境已成为贵州最大的发展优势和竞争优势。为了实现经济的可持续发展,地方政府层面的具体行动和实际努力是极为重要的。通过控制在碳源中占大头的能源使用量、扩大具有碳汇作用的森林面积、培养构建脱碳社会所需的人才等方式,推进绿色低碳发展。通过减少温室气体排放量和完善碳汇这两项措施,推进构建"脱碳社会"。落实新发展理念,加强基础设施、绿色产业发展,守住发展和生态两条底线,积极推进产业绿色转型和优化升级,走好绿色发展新路。明确实现生态效益与经济社会效益的统一政策。提出了巩固和扩大推进农业现代化、深入实施乡村治理的要求。充分发挥农科院的优势,加大对农业产业第一线人员的栽培技术和绿色转型技术培训,通过科技特派人员在生产中跟他们进行技术培训和交流。对农业产业提质增效。不断提升社区基层治理能力,加大群众就业创业引导培训,坚持守好发展和生态两条底线,围绕加强生态保护和修复,深入开展环境污染综合治理,为持续改善生态环境质量和稳定性,积极倡导绿色低碳生活方式等。

第八章 滇黔桂革命老区绿色产业协同发展路径

一、坚持生态优先，突出绿色发展，深入践行绿水青山就是金山银山的理念

释放资源优势，发挥好现场教学基地的辐射带动作用，跑出绿色发展加速度，探索出一条金山银山、绿水青山的有效路径。通过强化国土空间开发保护补偿机制、完善生态产品价值实现机制、构建环境保护治理体系等措施，推进生态文明制度改革。持续提高生态环境质量和稳定性，全力增值增效，加快解决突出生态环境问题，加强重点流域、重点区域环境综合治理，深化生态文明建设体制机制创新，推动经济社会绿色发展；推进生产生活方式全面绿色转型。从集聚创新资源、推进新型工业化、推进旅游产业化、推进数字经济发展等方面着手，大力发展生态友好型产业。要在交通、水利、能源和新型基础设施建设方面发力，完善基础设施网络体系。

二、加快绿色产业风力发电新站和竹笋等绿色产业建设

重点培育竹业龙头企业，建成无流笋干加工生产线，引进鲜笋速冻、冷链物流、真空包装等先进加工技术，真正实现竹笋绿色零添加。研发石笋零添加、水煮笋、速冻新笋等十余种新产品线。推动绿色工业振兴。禁止永久性基本农田非农化。推动旅游产业深度融合发展，在新型城镇化、农业现代化、旅游产业化等方面统筹推进绿色发展，提高绿色经济在地区生产总值中的比重。充分发挥林区山清水秀、空气清新、生态优良等优势，着力开发森林旅游观光、森林休闲、丛林探险、丛林科普、丛林康养等森林生态旅游新业态。

三、注重生态文明建设

坚持可持续发展理念和绿色发展生态农业示范性基地建设，加大农业财政资金投入，完善农业基础设施，为其实现农业绿色发展打下坚实基础。紧贴转型发展、绿色崛起的战略规划，结合农业发展状况，出台优惠政策，严格实施各种惠农政策，加快推进农业产业化进程。注重互联网+的建设，将其延伸到农村，促进市场工程农家店与电子商务企业整合。对农业发展进行规划,优化调整产业布局和农产品发展总体规划,以农产品结构为重点,推动农村经济快速发展,建设农业园区、农副产品加工及商贸物流一体化项目,推进农业产业化、现代化。立足资源特色,在茉莉花、亚热带水果产业、优质水稻和中药材等作物种植方面给予政策、资金、基础设施支持。

四、加快基础设施和重点产业投资,依靠科技进步推动产业绿色转型

结合资源优势与基础环境,着力发展水力、光伏、风力等可再生能源资源,充分发挥研祥光电、云能集团、昆明电力等企业在绿色能源领域的影响力,使新兴绿色产业成为云南革命老区传统产业不断优化升级的重要支撑点。科学投资。保持适合革命老区投资增长速度,同时转变投资方式,优化投资结构,提高投资效益。以适合的投资增长速度来拉动经济的增长。关键是投资方式应进行相应转变。投资方式强调对物质资本投资的同时也注重其他方面的方向转变,将资金投向结构调整、基础设施、自主创新、技术改造、节能减排、生态建设、环境保护、社会事业、民生改善等领域。增强自主创新能力,发挥技术进步的后发优势。加快以企业为主体的技术创新体系建设,支持企业大力开发具有自主知识产权的关键技术,完善鼓励创新的政策体系,积极引进先进技术,通过消化吸收与创新相结合,发挥广西技术进步的后发优势效应。大力发展教育事业,引进高素质人才,提高劳动者的素质。广泛采用节能减排技术,大力发展低碳经济。用现代技术特别是节能减排技术改造传统产业。狠抓节能减排责任落实和执法监督。大力发展服务业,特别是现代生产性服务业。在现代经济增长中,服务业的迅猛发展是降低交易成本和提高经济效率的重要源泉。重点发展现代物流、金融服务、会展服务、信息服务等,高度重视能源发展工作,积极调整优化产业结构,加快转变发展方式,在新能源、新材料、生物医药、先进装备制造、电子信息等新兴产业领域培育壮大一批新能源企业。充分发挥生产性服务业对先进制造业、现代农业的支持。建立有效和有为的服务型政府,减少政府对资源和生产要素配置的直接干预,改变过去以经济增长总量和速度指标为中心的绩效考核体系,综合考虑经济发展、社会和谐、环境保护等问题。增强企业绿色能源使用的自觉行动。尽量降低在生产和管理过程中炭的使用量,加大绿色能源如太阳能和风能,以及生物质能等消费,同时充分利用水力再生能源发电。另外,加强工业园区尝试,利用人工智能技术参与对能源网的管理,对园区内工业企业生产过程中温室气体排放监测。同时加强对电炉钢短轧工艺和有色金属冶炼短链等工艺技术实现绿色化、智能化的改造,对于生产过程中的二氧化碳排放较高的生产工艺如电石和石灰等生产工艺进行绿色技术的改造,同时加强对生产化肥与硝酸、己二酸和己内酰胺等产品的生产设施和工艺进行绿色化技术创新,从而显著减少工业生产过程中有害物质和气体的排放。对于二氧化碳排放较高的有色金属、建筑材料、石油化工和装备制造等行业要重点实施低碳生态化的生产经营试点。同时加强对化工、水泥、塑料、食品加工等行业的生产经营中开展碳封存。

五、推进贵州绿色产业与金融集聚的发展

贵州应积极吸引金融机构,解决绿色产业融资不足的问题。政府可以在税收、信贷、投资等方面给予优惠政策,鼓励金融机构对绿色产业进行融资支持。政府可以引导金融机构与绿色产业进行协同合作,在融资、风险管理、市场营销等方面进行创新,逐步形成以金融支持绿色产业创新、绿色产业培育金融服务产业发展的良性循环。贵州应该积极引入外国投资,推动绿色产业向全球市场开放。打造好内陆开放经济高地,为贵州绿色产业的国际化发展提供支持。贵州绿色产业和金融集聚的发展互为促进关系,政府应该加强监管,在政策、机制等方面加大支持力度,为贵州绿色产业和金融集聚的发展提供更大推动力。围绕"碳达峰、碳中和"目标,积极探索绿色金融改革创新,出台碳票质押贷款管理办法,推进碳排放权质押融资业务落地。通过动产融资统一登记公示系统进行权利质押登记后,在推进绿色金融改革创新上迈出实质性的一步。运用绿色金融工具,促进绿色产业和绿色经济发展,实现产业生态化和生态产业化双向互通。

六、加强新材料产业技术攻关,推动绿色材料产业的发展

新材料的发展应以高端化、绿色化、国际化材料的发展为主要方向,引导科技实力相对较高的优势企业开展对新材料进行关键技术和绿色技术攻关。同时要积极打造新材料发展的绿色园区、绿色新材料创新服务平台，特别要关注那些应用比较广的新材料，如金属新材料、能源电池新材料、化工新材料等的攻关项目研究。对于金属新材料要持续推进废汽车催化剂回收铂族金属项目，积极开展对贵金属合金及复合材料，以及液态金属、有机硅的核心技术攻关，组织对高纯金属、贵金属催化剂和集成电路材料等关键新材料技术进行协同攻关，加强对稀贵金属新材料在研制、生产、验证及应用各环节绿色化生产和经营，加快对蒸镀材料功能的开发与应用。与此同时，着力开展对丙烷、环己烷脱氢铂催化剂和废水处理催化剂等新材料的产品研发与生产。对于新能源电池材料，当下要重点开展对磷酸铁锂等正极材料的关键技术和绿色技术开发，加大企业对这种材料的生产规模，并促进生产企业集聚发展，加快促进电池集流体等材料绿色生产的供应能力和相关配套能力的建设。积极支持企业对铝塑膜和电池构件等电池细分领域材料生产项目的技术开发和生产规模的扩大，以满足市场日益增大的需求。对于锡基新材料，一方面要稳定开采企业对于锡矿资源的开采和销售；另一方面要扩大锡基合金和锡焊料以及锡基电镀材料生产规模和市场容量，利用相关技术对锡资源回收循环利用，要加快建设锡基新材料绿色循环产业基地。

  加快推进氯化材料包括氯化法钛白粉与氯化法钛渣等的绿色智能化制造转型，积极支持对多品种钛合金材料的高端技术和绿色技术研发，加强对高强钛及钛合金和高端海绵钛等新材料生产，促进钛基新材料产业链发展。同时加快对优光电子微电子材料高端核心技术的开发，尤其加大对光伏/光纤级锗材料和红外级锗材料等新材料产品的绿色化生产，完善其绿色产业体系。对于精细化工、橡胶等新材料产品的开发，依据其开发技术处于不同阶段性包括小试、中试阶段的特征，采取包括产业化专项计划支持和加强产用衔接等不同的发展策略。加强新材料在不同区域性高新技术产业开发区和特色产业园区的建设，加强新材料特色园区内部协同创新，并强化新材料企业和科研院所对新材料进行高端化、绿色化和智能化的产品联合攻关，建设若干资源共享、优势互补的共性技术服务平台，构建产学研长效合作机制，引导产业链关联项目适合在不同区域特性要求下的集聚，加强新能源电池材料等特色产业园区的建设。积极培育和提升新材料龙头企业的产品和服务质量，并着力打造新材料品牌。

参考文献

[1] 朱润洲.坚持绿色发展推进产业转型[N].经济日报,2020-07-09(011).

[2] 林伯强,谭睿鹏.中国经济集聚与绿色经济效率[J].经济研究,2019,54(02):119-132.

[3] 彭绪庶.绿色经济促进创新发展的机制与路径[J].经济纵横,2017(9):56-61.

[4] 王金南,李勇,曹东.关于地区绿色距离和绿色贡献的变迁分析[J].中国人口·资源与环境,2005(06):3-7.

[5] 北京师范大学科学发展观与经济可持续发展研究基地.2010中国绿色发展指数年度报告:省际比较[M].北京:北京师范大学出版社,2010.

[6] 李晓西,王佳宁.绿色产业:怎样发展,如何界定政府角色[J].改革,2018(02):5-19.

[7] 张小刚.长株潭绿色经济发展现状及评价研究[J].特区经济,2010(09):183-185.

[8] 杨雪星.中国绿色经济竞争力研究[D].福州:福建师范大学,2016.

[9] 许露露,袁俊,李骎."新常态"下河南省居民能源消费与环境.污染源头治理的研究[J].对外经贸,2018(06):92-94.

[10] 庄贵阳.低碳经济引领世界经济发展方向[J].世界环境,2008(02):34-36.

[11] 冯奎.中国发展低碳产业集群的战略思考[J].对外经贸实务,2009(10):9-12.

[12] 赵广华.低碳产业集群的发展机制建设[J].中国国情国力,2010(08):7-11.

[13] 赵广华.产业集群企业的低碳供应链管理[J].企业管理,2010（08）：88-90.

[14] 陆小成.区域低碳创新系统的构建[J].科学技术与辩证法,2008（12）：97-101.

[15] 沈政信.低碳经济发展模式下的新兴产业革命[J].政策瞭望,2010（04）：49-50.

[16] 李海东.产业升级背景下广东发展低碳经济的SWOT分析[J].特区经济,2010（06）：19-21.

[17] 王淑荣.农业与生物产业融合发展研究——以辽宁为例[J].牡丹江大学学报,2018（07）：16-19.

[18] 陈迎.中国低碳经济的挑战与转型策略[J].环境保护,2009（24）：24-26.

[19] 刘国光.21世纪初的中国经济增长[J].中国工业经济,1999（04）：5-8.

[20] 刘思华.可持续发展经济学企业范式论[J].当代财经,2001（03）：16-21.

[21] [德]哈肯.高等协同学[M].郭海安,译.北京：科学出版社,1989.

[22] 楼高翔.供应链技术创新协同研究[D].上海：上海交通大学,2011.

[23] 梁世翔,孙守成.物流园区协同的非线性动力学模型[J].武汉理工大学学报(交通科学与工程版),2006（05）：895-898.

[24] United Nations Environment Programme（UNEP）. Green economy：Cities investing in energy and resource efficiency [R]. Nairobi： United Nations Environment Programme,2011.

[25] 尹艳冰.基于ANP的绿色产业发展评价模型[J].统计与决策,2010（23）：65-67.

[26] 李文,马润平.金融支持"一带一路"绿色产业发展效度检验——基于17个省份的面板数据模型[J].甘肃金融,2016（11）：34-35,38-41.

[27] 杜永强,迟国泰.基于指标甄别的绿色产业评价指标体系构建[J].科研管理,2015（09）：119-127.

[28] 周颖,王洪志,迟国泰.基于因子分析的绿色产业评价指标体系

构建模型及实证[J].系统管理学报,2016(02):338-352.

[29]石宝峰,修宇鹏,王静.基于博弈论组合赋权的地市绿色产业评价[J].技术经济,2017(02):75-84.

[30]刘伟,李绍荣.产业结构与经济增长[J].中国工业经济,2002(05):14-21.

[31]郭金龙,张许颖.结构变动对经济增长方式转变的作用分析[J].数量经济技术经济研究,1998(09):38-40.

[32]张紫璇.中国产业结构升级对经济增长数量与质量影响研究[D].沈阳:辽宁大学,2022.

[33]张雅晴.河北省产业结构与经济增长灰色关联分析[J].合作经济与科技,2020(14):9-11.

[34]王正康.我国经济增长与产业结构变动的关系研究[D].哈尔滨:黑龙江大学,2020.

[35]高更和,李小建.产业结构变动对区域经济增长贡献的演变研究[J].地理与地理信息科学,2005(05):60-63.

[36]罗国勋.经济增长与劳动生产率、产业结构及就业结构的变动[J].数量经济技术经济研究,2000(03):26-28.

[37]蒋振声,周英章.经济增长中的产业结构变动效应:中国的实证分析与政策含义[J].财经论丛(浙江财经学院学报),2002(03):1-6.

[38]杨治.产业经济学导论[M].北京:中国人民大学出版社,1985.

[39]刘伟.工业化进程中的产业结构研究[M].北京:中国人民大学出版社,1995.

[40]郭克莎.我国产业结构变动趋势及政策研究[J].管理世界,1999(05):73-83.

[41]郭克莎.结构优化与经济发展[M].广州:广东经济出版社,2001.

[42]郭金龙,张许颖.结构变动对经济增长方式转变的作用分析[J].数量经济技术经济研究,1998(09):38-40.

[43]李霞.产业结构与经济增长的关系[J].唯实,1998(Z1):18-19.

[44]胡树林.论产业结构与经济增长的关系[J].当代经济,2001(08):46.

[45]毛健.经济增长中的产业结构优化[J].产业经济研究,2003(02):26-36.

[46] 刘伟,李绍荣,李笋雨.货币扩张、经济增长与资本市场制度创新[J].经济研究,2002（01）：27-32,94.

[47] 李美莲,张卫华.新发展格局下广西产业结构与经济增长的适配性研究[J].经济研究参考,2022（05）：113-123.

[48] 赵春艳.我国经济增长与产业结构演进关系的研究——基于面板数据模型的实证分析[J].数理统计与管理,2008（03）：487-492.

[49] 徐保金,陈兴鹏,王莉娜.基于SSM和区位商分析法的定西市产业结构演进与经济增长研究[J].安徽农业科学,2011,39（02）：1226-1228.

[50] 贺玉德.我国西部地区产业结构演进与经济增长分析——以四川省为例[J].甘肃社会科学,2017（06）：206-212.

[51] 干春晖,郑若谷.改革开放以来产业结构演进与生产率增长研究——对中国1978—2007年"结构红利假说"的检验[J].中国工业经济,2009（02）：55-65.

[52] 黄群慧.中国产业结构演进的动力与要素[J].中国经济报告,2018（12）：63-66.

[53] 韩江波.创新驱动经济高质量发展：要素配置机理与战略选择[J].当代经济管理,2019,41（08）：6-14.

[54] 黄速建,胡叶琳.国有企业改革40年：范式与基本逻辑[J].南京大学学报（哲学·人文科学·社会科学）,2019,56（02）：38-48,158.

[55] 郭春丽,易信,何明洋.推动高质量发展面临的难题及破解之策[J].宏观经济管理,2019（01）：7-14.

[56] 郭敬生.论民营经济高质量发展：价值、遵循、机遇和路径[J].经济问题,2019（03）：8-16.

[57] 余泳泽,胡山.中国经济高质量发展的现实困境与基本路径：文献综述[J].宏观质量研究,2018,6（04）：1-17.

[58] 景维民,王瑶.改革开放40年来中国经济增长轨迹研究——稳增长、高质量发展与混合经济结构优化[J].现代财经（天津财经大学学报）,2018,38（12）：13-21.

[59] 张协奎,王洪元.北部湾经济区产业结构演进与经济增长关系实证研究[J].广西大学学报（哲学社会科学版）,2011,33（01）：1-5.

[60] 郭敏.新型城镇化对产业结构升级的影响分析——以广西壮族自治区为例[J].经济师,2019（12）：24-26.

[61] 刘主光,程仕杰.对外直接投资对广西产业结构的影响研究[J].南宁职业技术学院学报,2022,30(03):54-58.

[62] 吴丽君,朱珂.广西产业结构和就业结构的协调性研究[J].营销界,2021,(26):87-89.

[63] 雷昌林.盘州市新民镇开展创新山地绿色农业走农旅融合发展新路的思考[J].农技服务,2017(11):162-191.

[64] 邹家文.建设"三个体系"发展山地绿色高效农业[J].农村工作通讯,2021(17):51.

[65] 滕明雨,简小鹰,张磊,李林洋.现代山地绿色高效农业的理论思考[J].山西农业大学学报(社会科学版),2018(06):60-65.

[66] 张兴敏.电子商务赋能贵州山地农业产业结构优化实证研究[D].贵阳:贵州师范大学,2021.

[67] 苏一青,傅建.贵州省山地特色农业发展思路分析[J].现代农业科技,2020(14):238.

[68] 黄姗.河北省金融支持农业产业链发展问题研究[D].秦皇岛:河北科技师范学院,2022.

[69] 田友明,谭小华,苏光华,邵启贵.乡村振兴战略视域下特色山地农业庄园发展模式探索——以重庆市彭水县庙池农庄为例[J].中国乡村发现,2018(01):76-80.

[70] 熊德斌.深刻领会发展新理念推动山地农业创新发展[J].贵州大学学报(社会科学版),2015,33(06):83-86.

[71] 刘仁鹏.智慧赋能现代山地绿色高效农业高质量发展——重庆市巫山县果品主导产业数字化探索与实践[J].中国果业信息,2022,39(08):21-23.

[72] 简健平,郑群,刘玄,曾令玲.渝北区发展现代山地绿色高效农业的探索与思考[J].中国农技推广,2021,37(11):14-15.

[73] 屈婷婷,黄智,覃泽林,卢庆南,周保吉,梁富华.广西现代绿色农业示范区建设现状分析[J].农村经济与科技,2019,30(04):186-189.

[74] 蔡沁男,蔡伦红.基于灰色关联分析的海南省农业产业结构优化研究[J].现代农业科技,2021,(18):217-221+223.

[75] 张兴敏,吴亮.电子商务对贵州山地农业产业结构优化的影响研究[J].铜仁学院学报,2022,24(04):119,128.

[76] 尹铎,朱竑.云南典型山地乡村农业扶贫的机制与效应研

究——以特色经济作物种植为例[J].地理学报,2022,77（04）:888-899.

[77] 周欢,刘洪.贵州现代山地绿色高效农业发展路径分析及对策研究[J].现代商贸工业,2018,39（33）:23-24.

[78] 赵浪,袁英,杨李雪,先春香,黎星池."互联网+"背景下贵州省丘陵山地农业机械化发展研究[J].南方农机,2021,52（17）:11-14.

[79] 徐曼,张健伟.贵州探索山地农业机械化发展模式分析[J].南方农机,2021,52（06）:22-23.